Schleswig-Holstein

Die Gerichte meiner Kindheit

Rezepte und Geschichten

Wartberg Verlag

Annerose Sieck

Bildnachweis

Titelfoto: ullstein bild-Oscar Poss

Danker: S. 5, 67, 91; Johannsen: S. 13 oben; Lenschow: S. 19; Jandrey: S. 37, 81; Zauner: S. 49 (2); Möbius: S. 53; Jacobshagen: S. 55; Rehder: S. 61; Sattler: S. 101; Klische: S. 107; Jacobshagen: S. 109; Seismann: S. 115; Wiebke Buschmann: S. 7; Radka Schöne/pixelio.de: S. 9; Stephan Barth/pixelio.de: S. 11 oben; m. gade/pixelio.de: S. 11 unten; Nicolaus Schmidt/wikipedia: S. 13 unten; Jetti Kuhlemann/pixelio.de: S. 16; Susanne Beeck/pixelio.de: S. 25; gänseblümchen/pixelio.de: S. 27; Eric Rockel/pixelio.de: S. 33; Betty/pixelio.de: S. 35; Hannelore Louis/pixelio.de: S. 39; knipseline/pixelio.de: S. 41, 77; ullstein bild-Oscar Poss: S. 43; Ute Mulder/pixelio.de: S. 45; Doris Weiland: S. 47, 79 (beide); Jonathunder/wikipedia: S. 53 (links); Helene Zouza/pixelio.de: S. 75; Sabine Schmidt/pixelio.de: S. 59; Iris Fehske-Egbers/pixelio.de: S. 69; Riki1979/wikipedia: S. 71; Elisabeth Patzal/pixelio.de: S. 75; Maja Dumat/pixelio.de: S. 85; Bobby M/pixelio.de: S. 87; Daderot/wikipedia: S. 93; Sabine Rathmann: S. 97; Ingrid Sattler: S. 99; Klaus Steves/pixelio.de: S. 103; Image Bank Sweden: S. 111; Dieter Schütz/pixelio.de: S. 117; Tila Monto/wikipedia: S. 123; Michael Meinecke/wikipedia: S. 125

Annerose Sieck: 15, 17, 20, 21, 23, 29 (beide), 31, 39 links, 51, 63, 65, 73, 83, 89, 95, 105, 113, 119, 121

1. Auflage 2014
Alle Rechte vorbehalten, auch die des auszugsweisen Nachdrucks und der fotomechanischen Wiedergabe.
Satz und Layout: Christiane Zay, Potsdam
Druck: Druck- und Verlagshaus Thiele & Schwarz GmbH, Kassel
Buchbinderische Verarbeitung: Buchbinderei S. R. Büge, Celle
© Wartberg Verlag GmbH & Co. KG
34281 Gudensberg-Gleichen, Im Wiesental 1
Telefon: 0 56 03 - 9 30 50
www.wartberg-verlag.de
ISBN 978-3-8313-2197-1

Liebe Leserin, lieber Leser,

wie so vieles, geraten auch sie im Laufe des Lebens in Vergessenheit, die Kindheitsgerichte, die unsere Mütter, Väter, Großeltern oder eben andere Menschen, die wir mochten, für uns gekocht oder gebacken haben. Dann fällt uns mit einem Mal eine alte Rezeptkladde oder ein Fotoalbum in die Hände und wir werden in eine Zeit versetzt, in der wir uns behütet und liebevoll umsorgt wussten. Da sind sie wieder – die Gerichte, für die wir alles stehen und liegen ließen. Rezepte, die für das Eingebundensein in regionale Traditionen stehen. Auch wenn unsere Kindheit der Vergangenheit angehört, so können wir mit den Erinnerungen daran ein Gefühl zurückholen, das uns erdet und uns eine völlig neue Beziehung zur Heimat gibt.

Ich möchte mich bei allen Schleswig-Holsteinerinnen und Schleswig-Holsteinern bedanken, die bereit waren, Rezepthefte und Fotoalben herauszukramen, um mich und damit Ihnen einen Blick in ihre Kindheit werfen zu lassen. Ich bin sicher, Sie werden sich so manches Mal wiedererkennen. Und wenn Ihnen Geschichten einfallen, schreiben Sie sie auf, damit sie nicht verlorengehen. Wie sagte der Autor Jean Paul? „Die Erinnerung ist das einzige Paradies, aus dem wir nicht vertrieben werden können."

Annerose Sieck

Großmutters Aalsuppe mit Schwemmklößchen

Zutaten

(für 4 Personen)

1 Schinkenknochen (oder 500 g geräucherter durchwachsener Speck)
1 Zwiebel
1 Stück Sellerie
1½ l Fleischbrühe
einige Pfefferkörner
250 g entsteinte Backpflaumen
200 g junge Möhren
200 g junge Erbsen
½ Petersilienwurzel
Zucker
Weinessig
200 g geräucherter Aal
1 Bund frische glatte Petersilie

Für die Schwemmklößchen

125 g Butter
Salz
180 g Mehl
3 Eier
geriebene Muskatnuss

Zubereitung

Den Schinkenknochen gut abspülen. Mit kaltem Wasser ohne Salz und Gewürze in einen Topf geben, zum Kochen bringen und 10 Minuten leicht köcheln lassen. Den ersten Sud weggießen. Er ist zu salzig und rauchig. Zwiebel und Sellerie schälen. Fleischbrühe mit Pfefferkörnern, Zwiebel und Sellerie zum Knochen geben und köcheln lassen, bis sich das Fleisch vom Knochen löst. Die Backpflaumen in 500 ml Wasser weich garen, aber nicht zerkochen.

Möhren putzen und schälen. Erbsen aus den Schoten lösen. Petersilienwurzel schälen. Das Gemüse in 1 l leicht gesalzenem Wasser garen. (Wegen der unterschiedlichen Garzeiten wird alles getrennt gegart. Auch kann man so die Zusammensetzung der Flüssigkeit individuell regeln. Nicht jeder mag den intensiven Rauchgeschmack und nimmt deshalb lieber etwas weniger Fleischbrühe.)

Den Knochen aus der Brühe nehmen. Das Fleisch ablösen und in Würfel schneiden. Die Gemüsebrühe abseihen. Zwiebel und Sellerie entfernen. Möhren und Petersilienwurzel in Scheiben schneiden. Fleischbrühe, Gemüsegarwasser und Pflaumenwasser nach Geschmack zusammen in einen großen Topf gießen. Fleisch, Gemüse und Backpflaumen hinzufügen. Mit Zucker, Salz und Essig abschmecken.

Zum Schluss den in Stücke geschnittenen Aal dazugeben. Noch einmal kurz erhitzen. Petersilie waschen, trocken schütteln, Blätter abzupfen, hacken und zur Suppe geben.

Für die Schwemmklößchen 180 ml Wasser mit Butter und Salz in einen Topf geben und aufkochen. Das Mehl auf einmal zugeben und die Masse unter ständigem Rühren abbrennen, bis sich der Teig vom Topfboden löst. Den Topf vom Herd nehmen und 1 Ei sofort unterrühren.

Die beiden restlichen Eier nacheinander einrühren. Den Teig nicht kalt werden lassen, sondern sofort mit einem Teelöffel Klößchen abstechen und im heißen Wasser gar ziehen lassen.

Die Aalsuppe mit den Schwemmklößchen servieren.

Klammheimlich genascht

Jedes Jahr im Spätherbst wurde bei uns geschlachtet. Neben leckeren Mettwürsten wurden in der Rauchkate zwei Schinken für uns geräuchert. Wenn dann mit dem Spargel die letzte Scheibe Schinken gegessen war, blieben noch die Knochen übrig. Sie waren die Grundlage für Großmutters Aalsuppe.

Als wichtigste Zutat gehörten ganz junge Erbsen und Möhren hinein. Sie wuchsen in unserem großen Gemüsegarten und schmeckten uns Kindern roh besonders gut. Wurden wir beim Spielen hungrig, schlichen wir uns in den Garten und pflückten die zarten Schoten. Mit dem Daumen drückten wir die Schoten auf – und vor uns lagen wie Perlen in einer Reihe die süßesten Erbsen. Auch die ersten jungen Möhren ließen wir uns schmecken. Wir zogen sie aus dem Boden, entfernten die Erde, indem wir einmal damit durch das Kraut fuhren und bissen dann in das saftige Gemüse. Immer darauf bedacht, nicht erwischt zu werden. Denn gerade die ersten Erbsen und Möhren waren als Zutat für Großmutters Aalsuppe sehr wichtig und da hatte sie kein Nachsehen. Uns aber versüßte gerade dieses Heimliche und vermeintlich Verbotene die ohnehin schon leckeren Erbsen und Möhren.

Silke Danker

Silke Danker naschte gern heimlich junge Erbsen und Möhren aus dem Garten – zum Ärgernis ihrer Großmutter.

Dithmarscher Meelbüdel

Zutaten

(für 6 Personen)

120 g Butter
6 Eier
375 ml Milch
1 Prise Salz
etwas abgeriebene Zitronenschale
630 g Mehl
1 TL Backpulver
1 Stück Schweinebacke oder geräucherter durchwachsener Speck

Zubereitung

Die Butter in einem kleinen Topf zerlassen. Eier trennen. Eigelb und Milch in einer Rührschüssel verrühren (am besten mit einem Handmixer). Die zerlassene Butter hinzufügen und unterschlagen.

Salz, Zitronenschale und Mehl mit dem Backpulver vermengen und portionsweise unter das Milchgemisch arbeiten. Eiweiß steif schlagen und vorsichtig unterheben.

Ein Mehlbeuteltuch (ein Geschirrhandtuch oder noch besser eine Stoffwindel) mit Mehl bestreuen, den Teig daraufgeben und über Kreuz zusammenknoten. Zwei Kochlöffel über Kreuz durch die Öffnungen stecken und anschließend den Beutel über einen Topf mit kochendem Wasser hängen. Die Schweinebacke (oder Speck) kocht im gleichen Topf mit. Die Kochzeit beträgt 2 Stunden, eventuell auch etwas länger.

Die Schweinebacke wird aufgeschnitten und mit Kirschsoße gereicht.

Wenn es Bühsmelk gab ...

Als ich gefragt wurde, ob ich nicht ein für mich besonders leckeres Gericht aus meiner Kindheit wüsste, fiel mir sofort der „Mehlbeutel" ein. Ja, und so wurde ich plötzlich gedanklich um viele Jahre zurückversetzt.

Wenn unsere Nachbarin Lenchen verkündete, dass es „Bühsmelk" (Biestmilch, die Erstmilch der Kuh) gab, dann wusste ich, dass es am nächsten Mittag Mehlbeutel mit Kirschsoße gibt.

Nach Schulschluss lief ich schnell nach Hause, um ja den Anschnitt nicht zu verpassen. Lenchen und ihr Sohn Uwe saßen meist schon erwartungsvoll am Tisch, wenn ich zu Hause ankam. Mutter stand am Herd und hob den Mehlbeutel aus dem Wasser. Der durchwachsene Speck war aufgeschnitten, die Kirschsoße stand auf dem Tisch. Jetzt war der große Augenblick gekommen: Mutter öffnete das Tuch und nahm den dampfenden Mehlbeutel heraus. Nun bekam jeder zunächst eine Scheibe, die Kirschsoße wurde darübergegossen und der Speck an die Seite gelegt. Ich zog es jedoch vor, meinen Mehlbeutel nur mit Kirschsoße zu essen.

Der Rest, der übrig blieb, wurde am nächsten Tag in Scheiben geschnitten, in Butter gebraten und mit Sirup gegessen. Noch heute läuft mir das Wasser im Mund zusammen, wenn es Mehlbeutel gibt. Heute wird in manchen Restaurants in Eiderstedt dieses alte Gericht wieder serviert.

Wiebke Buschmann

Heute wird der Meelbüdel in vielen Restaurants Schleswig-Holsteins wieder serviert.

Abendkater

Zutaten

(für 6 Personen)

1 Würfel frische Hefe (42 g)
125 g Zucker
500 g Mehl
1 Prise Salz
2 Eier
80 g Butter
ca. 200 ml Milch
250–300 g geräucherter durchwachsener Speck in Scheiben
2 kg Birnen (frische oder eingekochte)

Zubereitung

Die Hefe mit 1 Esslöffel vom Zucker in einer Tasse verrühren. Mehl, Salz und restlichen Zucker in eine Rührschüssel geben. Eier hinzufügen und die Zutaten vermengen.

Butter und Milch in einen Topf geben, lauwarm erhitzen und zum Teig geben. Jetzt die angerührte Hefe unterarbeiten. Den Teig zugedeckt an einem warmen Ort gehen lassen, bis sich sein Volumen deutlich vergrößert hat.

Den Boden und die Seiten einer Auflaufform mit den Speckscheiben auslegen. Frische Birnen schälen, halbieren und entkernen. Mit der Wölbung nach oben auf den Speck legen. Den Hefeteig noch einmal gut durchrühren, dann auf die Birnen geben und glatt verstreichen. Nochmals 20 Minuten gehen lassen.

Den Abendkater im vorgeheizten Backofen bei 190–200° C 60–70 Minuten backen.

Dazu isst man als Soße angedickten Birnensaft.

Katze am Abend ...

„Een morgens fröh singt, den holt abends de Katt (Vögel, die früh singen, holt abends die Katze)", sagte meine Vater immer zu uns, damit wir mit unseren Kräften besser haushalten. Aber wir Kinder konnten gar nicht anders, als schon morgens zu singen. Es kam einfach so aus uns heraus. Und wenn „de Katt" in Form des Abendkaters zu uns kam, sollte es uns nur recht sein!

Ende der 50er-, Anfang der 60er-Jahre veränderte sich auch bei uns allmählich die landwirtschaftliche Arbeit. Statt der Pferde erledigten nun Traktoren, Mähdrescher und Niederdruckpressen die Erntearbeit. Bei der Ernte halfen wir Kinder mit, denn die Arbeit fand in den Sommerferien statt. Wir fuhren die Traktoren auf dem Feld, packten die Strohballen, die von den Männern mit der Forke aufgestakt wurden, auf die Anhänger. Es bedurfte viel Geschick, den Hänger gerade zu packen. Packte man schief, konnte nicht nur die Fuhre umkippen, sondern der ganze Hänger.

Auch in der Scheune packten wir im Fach. Da wir kleiner als die Männer waren, war unser Platz ganz oben unter dem Dach. Dort mussten wir die letzten Schichten verstauen. Es war heiß, stickig und staubig da oben. Wir halfen gerne, nur das Gerstenstroh, das hassten wir. Die Eilen piekten, verursachten einen Juckreiz, und der schweißdurchtränkte Staub klebte am ganzen Körper. Abends liefen wir dann schnell zum Badesee, der nur einen Kilometer entfernt lag. Abgekühlt und erfrischt traten wir meist singend den Heimweg an. Wir freuten uns auf das Abendbrot. Wegen der Wärme gab es mittags oft nur Rote Grütze mit Milch, Zwieback mit Milch oder Pellkartoffeln mit Quark und grünen Salat. Abends wartete etwas Warmes auf unsere hungrigen Mägen. Meist waren es Bratkartoffeln, aber wenn wir Glück hatten, der Abendkater. Danach waren wir pappsatt, glücklich und hundemüde.

Silke Danker

„Een morgens fröh singt, den holt abends de Katt!" In Form des „Abendkaters" konnte uns Kindern das nur recht sein. Wir liebten dieses Essen!

Bratkartoffeln

Zutaten

(für 4 Personen)

500 g gegarte oder rohe Kartoffeln
1 Zwiebel
Margarine oder Öl
Salz

Zubereitung

Wenn Sie gegarte Kartoffeln vom Vortag haben, diese in Scheiben schneiden. Rohe Kartoffeln gründlich waschen, schälen und gut trocken tupfen. Anschließend in Scheiben schneiden. Zwiebel schälen und fein würfeln.

Margarine oder Öl in einer Pfanne erhitzen. Zwiebel zugeben und kurz darin anschwitzen. Kartoffeln in die Pfanne geben, salzen und die vorgegarten bei mittlerer Hitze ca. 10, die rohen Kartoffeln ca. 15–20 Minuten unter Wenden braten, bis sie knusprig sind.

Wurstaufschnitt war einfach zu teuer, als dass wir Kinder uns daran hätten satt essen können. Deshalb gab es vorweg leckere Bratkartoffeln.

Bratkartoffeln statt Aufschnitt

Meine Mutter arbeitete den ganzen Tag im Geschäft, um mich und meine beiden Geschwister „durchzubringen". Unser Vater war früh gestorben. Wenn sie abends von der Arbeit kam, warteten schon einige hungrige Kinder auf sie. Aufschnitt und Käse waren ziemlich teuer. Also dachte sich meine Mutter etwas aus, um sparen zu können. Sie kochte immer einige Kartoffeln mehr, sodass abends welche übrig waren. Bevor wir dann eine Scheibe Brot zum Abendbrot bekamen, auf die wir immer nur eine Scheibe Wurst oder Käse legen durften (das behielten wir auch später bei), gab es für jeden vorweg eine große Portion Bratkartoffeln. Meist waren wir danach schon so satt, dass wir nur noch eine Scheibe Brot essen konnten. Die Bratkartoffeln meiner Mutter waren einfach zu gut.

Karin Ruge

Mädchenröte

Zutaten

(für 4 Personen)

2 große Eiweiß
150 g Zucker
150 ml roter Johannisbeersaft
6 Blatt rote Gelatine

Zubereitung

Eiweiß in einen großen Rührbecher oder eine Schüssel geben. Abwechselnd Zucker und Saft zugeben und unterrühren. Das Ganze so lange schlagen, bis die Masse stark an Volumen gewinnt.

Gelatine auflösen, zum Schaum geben und unterrühren.

Die Mädchenröte in eine Servierschüssel füllen und kalt stellen, bis die Creme fest geworden ist.

Ein Bild von mir und meiner Zwillingsschwester Elisabeth, das 1964 entstand. Elisabeth erinnert sich daran, dass es die „Mädchenröte" auch Weihnachten gab.

Süß und lecker!

Meine Mutter hat diese traditionelle Süßspeise zu meiner Freude in meiner Kindheit oft und gern zubereitet. In unserem Garten wuchsen viele rote Johannisbeeren und meine Mutter machte jeden Sommer Saft daraus. Davon hatten wir reichlich. Und eigene Hühner besaß unsere Familie auch und damit standen uns frische Eier zur Verfügung. Das Dessert musste in den 60er-Jahren vor allem günstig sein. Das war es.

Frisch zubereitet schmeckte und schmeckt die Nachspeise am besten. Steht sie länger, setzt sich unten die Gelatine ab. Wenn ich Besuch habe, mache ich diese Speise heute noch gern, auch wenn sie wirklich sehr süß ist. Aber auf einem Buffet macht sie sich schon allein wegen ihrer kräftigen rosa Farbe besonders gut und ist nach wie vor beliebt. Bei Kindern und Erwachsenen gleichermaßen. Wer mag, kann zu dieser Schaumspeise Vanillesoße reichen.

Anke Johannsen

Die Nachspeise hat ihren Ursprung in Angeln.

Mamas Grießnocken

Zutaten

(für 2 Personen)

125 ml Milch
1 EL Butter
Salz
1 Prise Muskat
50 g Hartweizengrieß
1 Ei
3 EL geriebener Käse,
z. B. Parmesan
Butter zum Braten

Zubereitung

Milch und Butter in einen Topf geben und aufkochen. Mit Salz und Muskat würzen und den Topf von der Herdplatte ziehen.

Hartweizengrieß unter Rühren zugeben, zu einem Kloß rühren und 1 Minute auf der heißen Herdplatte erhitzen. Den Grießkloß in eine Schüssel legen.

Ei und geriebenen Käse zügig unterrühren.

Von der Masse mit 2 in heißes Wasser getauchten Esslöffeln Nocken abstechen und diese in kochendes Salzwasser legen. Wenn die Nocken an der Oberfläche schwimmen, diese weitere 5 Minuten garen. Mit einem Schaumlöffel herausnehmen und abtropfen lassen.

Reichlich Butter in einer Pfanne zerlassen und die Klöße 3 Minuten darin andünsten. Sofort servieren.

Ein Stück Erinnerung

Anfang 1945 flohen Abertausende Menschen vor der Roten Armee aus Ostpreußen. Auch Emmi, ihre fünf Geschwister und ihre hochschwangere Mutter versuchten, einen begehrten Platz in einem der Flüchtlingszüge zu bekommen. Bis zur Flucht hatte die Familie auf einem Bauernhof bei Neidenburg-Osterode (im Südwesten Ostpreußens) gelebt. „Wir hatten eine glückliche Kindheit", erzählt Emmi Mutter. „Das war jetzt mit einem Schlag vorbei." Die Familie erreichte über Warnemünde schließlich Dänemark. „In Warnemünde", erzählt Emmi Mutter, „wurde mein jüngster Bruder geboren. Jetzt waren wir acht."

Von Dänemark ging es über Brokdorf 1947 schließlich nach Neumünster, wo Emmi M. heute noch lebt.

„Wir haben auf der Flucht alles verloren und der Anfang war schwer. Flüchtlinge waren nicht gern gesehen."

Trost fanden die Geschwister, wenn ihre Mutter ein Gericht aus der ostpreußischen Zeit kochte: Grießnocken. „Wir liebten in Butter gebratene Grießnocken. Meine Mutter tat immer etwas Käse mit in den Teig. Am besten schmecken sie jedoch mit geriebenem Parmesan. So bereite ich sie noch heute zu."

Emmi Mutter

Grießnocken mit geriebenem Parmesan brachten in den ersten schweren Jahren ein Stück alte Heimat zurück.

Falscher Hase

Zutaten

(für 6 Personen)

2 altbackene Brötchen
1 kg gemischtes Hackfleisch
1 Ei
1 Zwiebel
Salz
Pfeffer
Paprika
Öl zum Braten

Zubereitung

Brötchen in Wasser einweichen. Anschließend gut ausdrücken und mit dem Hackfleisch und dem Ei in eine Schüssel geben. Zwiebel pellen, fein hacken und hinzufügen. Die Zutaten gut vermengen und mit den Gewürzen abschmecken.

Aus der Masse einen länglichen Laib formen und 1 Stunde ruhen lassen.

Etwas Öl in einer Schmorpfanne erhitzen und den Braten von allen Seiten bräunen. Etwas Wasser zugeben und den Braten bei schwacher Hitze mit Deckel ca. 60 Minuten köcheln lassen. Den Bratensatz andicken.

Ein typisches Nachkriegsgericht war der „Falsche Hase". Relativ günstig zuzubereiten und trotzdem „sonntäglich".

Wieso eigentlich falsch?

Anfang der 60er-Jahre wohnten meine Eltern und ich (Jahrgang 1956) noch in sehr beengten Verhältnissen in Kiel. Auch das Geld war knapp, weil mein Vater eine Umschulung machte. In seinem alten Beruf konnte er nicht mehr arbeiten. Jeden Tag Fleisch wie bei anderen – das gab es bei uns nicht. (Gab es auch später nicht, als meine Eltern es sich hätten leisten können.) Manchmal schenkten uns Verwandte, die auf dem Land lebten, eine Ente oder ein Kaninchen. Dann war meine Mutter in ihrem Element, denn sie konnte sehr gut kochen.

Regelmäßig gab es bei uns am Sonntag „Falschen Hasen", den ich sehr mochte. Waren Reste übrig, schmeckten diese in dünne Scheiben geschnitten mit etwas Senf drauf auch lecker kalt auf Brot. Ein typisches Nachkriegsgericht, das heute noch in unserer Familie sehr beliebt ist. Nur sagt man jetzt Hackbraten dazu und reicht ihn nach Lust und Laune an. Als kleines Kind habe ich mich gefragt, wie falsche Hasen eigentlich aussehen … ich hatte bislang nur einmal einen echten gesehen.

Elsbeth Nissen

Klütensuppe

Zutaten

(für 4 Personen)

200 g Weizenmehl
1 Ei
1 Prise Salz
1-2 Tassen heißes Wasser
1 l Milch
1 Zimtstange
Zucker

Zubereitung

Aus Mehl, Ei, Salz und heißem Wasser eine breiige Masse rühren.

Die Milch in einen Topf gießen und zum Kochen bringen. Sobald diese kocht, den Topf vom Herd nehmen und die Mehlmasse teelöffelweise in die heiße Milch geben. Zimtstange und Zucker nach Geschmack hinzufügen.

Den Topf wieder auf die Herdplatte stellen und bei kleiner Hitze die Klüten ziehen lassen. Sie sind gar, wenn sie oben schwimmen. Vor dem Essen die Zimtstange entfernen.

Köstliche Klackerklüten

Auch *Fredericke Wilcke* schwärmt von der Klackerklütensuppe, die ihre Mutter kochte. Die Suppe wurde in der Familie mit Vanillepudding angedickt.

„Auf unserem Bauernhof in Cismar brauchten wir kein Spielzeug. Unsere Anregungen holten wir uns im Garten, in der Scheune und bei den Tieren. Zu unseren Lieblingsspielgefährten gehörten unsere Hühner. Sie hatten alle einen Namen: Anton, Spargel, Prinzesschen, Pummel und so weiter. Sie wurden gestreichelt und dressiert, wir schafften es sogar, dass sie an der Leine gingen. Wenn wir von unserer Mutter den Auftrag bekamen, die Eier einzusammeln, waren wir begeistert dabei, denn ein Huhn legte besonders bizarre, fast barocke Eier, sie hatten eine wellige Schale. Unsere Mutter sammelte die Eier, um sie auszublasen und später als Tannenbaumschmuck zu vergolden.

Aus den Eiern machte sie uns zur Belohnung eine warme Milchsuppe mit Vanillepudding angedickt und mit köstlichen „Klackerklüten" als Einlage. Diese Mehlklöße bestanden aus Mehl, Wasser, Eiern, Salz und Zucker. Noch heute habe ich (Jahrgang 1948) den Geschmack auf der Zunge. Es ist ein einfaches Rezept, macht aber glücklich."

Mein erster Schultag

Er rückte immer näher, der Tag meiner Einschulung im Jahre 1952. Nach unserer Flucht aus Mecklenburg hatten wir eine kleine Behelfswohnung am Rande des Dorfes Gönnebek gefunden. Ich kannte noch keine Kinder aus dem Ort, denen ich mich hätte anschließen können.

Kurz nach den Ostertagen war es endlich so weit. Natürlich war ich sehr aufgeregt, eher ängstlich. Am frühen Morgen, die Sonne schien bereits in das kleine Küchenfenster, kleidete ich mich an. Mutter hatte mir ein Kleid zurechtgelegt, das sie von einer Nachbarin geschenkt bekommen hatte. Es war ein rot-weiß kariertes Trägerkleid, dazu trug ich eine weiße Bluse. Alles schön sauber und glatt gebügelt. Oh nein, was war denn das? Zu meinem Entsetzen musste ich feststellen, dass eine kleine, gestopfte Stelle gut zu sehen war. „Damit kann ich doch nicht zur Schule gehen!" Aber ich hatte keine Wahl, es gab nichts anderes.

Am Tage vorher wurde der Schulranzen mit einer Schiefertafel, einem Griffelkasten mit zwei Griffeln, und einem gehäkelten Topflappen (als Wischlappen für die Tafel gedacht) bestückt. Und was war das für ein schwerer, schwarzer Ranzen, ich konnte ihn kaum tragen! Mein Onkel brachte ihn mit, denn mein Cousin benötigte ihn nicht mehr. So ausstaffiert ging ich also zur Schule. Allein, denn Mutter musste beim Bauern die Kühe melken. „Hoffentlich sieht niemand die Stopfstelle", dachte ich und betrat mit klopfendem Herzen den Schulhof. Die meisten Kinder, es mögen wohl acht oder neun gewesen sein, waren schon da. Dann trat der Lehrer aus dem Schulhaus und rief uns zu sich. Wir mussten uns zu zweit in die Reihe stellen und wurden ins Schulhaus geführt. Im Klassenzimmer wies uns der Herr Lehrer (seinen Namen weiß ich noch, sage ihn aber lieber nicht!) unsere Plätze zu. Voller Ehrfurcht sah ich auf den stattlichen, um nicht zu sagen dicken Mann. Seine Stimme dröhnte durch den Raum und mir schwante nichts Gutes.

Am Ende des ersten Schultages wartete ein Fotograf vor dem Haus auf uns Neulinge. Zur Feier des Tages, und als kleines Trostpflaster, weil ich ganz allein zur Schule hatte gehen müssen, kochte meine Mutter extra für mich meine Lieblingssuppe: Klütensuppe.

Eines Tages, ich weiß nicht, wie viele Tage inzwischen vergangen waren, bekam ich die Abneigung des „Lehrkörpers" mir gegenüber deutlich zu spüren. Mein Griffelkasten wurde durch das Klassenzimmer geworfen, der Schulranzen flog gleich hinterher. Warum? Ich war mir keiner Schuld bewusst! Diese und ähnliche Überraschungen musste ich noch öfter über mich ergehen lassen. Flüchtlinge waren damals nicht überall gern gesehen, aber es gab auch viele hilfsbereite und gute Menschen. Sonst wären wir nicht das, was wir heute sind.

Bärbel Lenschow

Bärbel Lenschow am Tag ihrer Einschulung 1952 in Gönnebek (Kreis Segeberg). Zur Belohnung gab es hinterher Klütensuppe.

Buchweizengrütze mit Zimtzucker

Zutaten

(für 4 Personen)

1 l Milch
1 Prise Salz
125 g Buchweizengrütze
Butter
Zimtzucker

Zubereitung

Die Milch in einen weiten Topf gießen, Salz und Buchweizengrütze einrühren und das Ganze zum Kochen bringen.

Bei reduzierter Temperatur die Grütze in ca. 20–25 Minuten weich köcheln lassen. Dabei regelmäßig rühren, damit die Grütze nicht ansetzt.

Zum Servieren die Grütze in Schalen oder tiefe Teller füllen. Jeweils einen Klecks Butter daraufgeben und mit Zimtzucker bestreut servieren. Alternativ 25 g Butter vor dem Servieren unter die Grütze rühren.

Magret Albrechts Oma verwöhnte ihre Enkelin gern mit Buchweizengrütze.

Oma war die Beste!

Meine Kindheit verbrachte ich auf einem Bauernhof in Viöl unweit von Husum. Damals war es noch völlig normal, dass drei Generationen – Großeltern, Eltern und wir Kinder – unter einem Dach lebten. Wir hatten zwar nicht so viel Platz, aber das störte uns nicht. Hauptsache, wir waren zusammen. Auf dem Hof fand jeder sein Auskommen. Dafür musste allerdings auch jeder mit anpacken. Und so waren alle den ganzen Tag über mit der Arbeit auf dem Hof beschäftigt. Auch ich, denn als Älteste (Jahrgang 1960) musste ich schon früh mithelfen. Die Arbeit und die frische Luft von der Nordsee machten hungrig. Ich konnte eigentlich immer essen. Zu meinen Lieblingsgerichten gehörte damals Buchweizengrütze mit Butter, Zimt und Zucker. Ich erinnere mich noch sehr gut an den Geschmack.

Wenn der Abendbrottisch abgeräumt war, kam es noch oft vor, dass mein Magen noch „knurrte". Dann schlich ich mich rüber zu meiner Oma. Sie kannte das schon und wusste, wie sie mir eine Freude machen konnte. Ohne mich zu fragen, setzte sie einen Topf mit Milch auf und schüttete Buchweizengrütze hinein. Für mich war diese Grütze das Leckerste überhaupt. Mit dem Zimtzucker und der guten Butter zerging sie auf der Zunge. Und das Beste daran war, das sie herrlich satt machte. Danach war ich zufrieden und schlief tief und fest.

Magret Albrecht

Buttermilchsuppe mit Backobst und Mehlklößen

Zutaten

(für 6 Personen)

Für die Suppe

1,5 l Buttermilch
Saft und abgeriebene Schale von 1 Bio-Zitrone
2 TL Speisestärke
2 Eigelb
200 g Backpflaumen

Für die Mehlklöße

500 g Weizenmehl
1 TL Salz
Milch
2 Eier
2 Eiweiß

Zubereitung

Buttermilch, Zitronensaft und -schale in einen Topf geben und langsam erwärmen. Speisestärke mit etwas Wasser verrühren, in die Buttermilch rühren und das Ganze zum Kochen bringen. Mit dem Eigelb legieren und nicht mehr kochen lassen.

Die Backpflaumen in Wasser erhitzen und weich köcheln.

Für die Mehlklöße Mehl, Salz, Eier und Eiweiß zu einem festen Teig verschlagen. So viel Milch unterarbeiten, bis ein fester, brotähnlicher Teig entsteht. Den Teig 30 Minuten quellen lassen.

Salzwasser in einem Topf zum Kochen bringen, Mehlklöße abstechen und ins heiße Wasser geben. So lange köcheln, bis sie an der Oberfläche schwimmen. Das dauert etwa 5 Minuten.

Backpflaumen abgießen. Klöße und Pflaumen in Tellern anrichten und die Suppe darauf anrichten.

Das Samstagsritual

Samstags gab es bei uns zu Hause immer ein schnelles, einfaches und preiswertes Essen. Wenn ich darüber nachdenke, glaube ich fast, dass ich in meiner Jugend jeden Sonnabend süße, mit Eigelb legierte Buttermilchsuppe gekocht habe. Dazu gab es meist heiße Backpflaumen und fehmarnsche Mehlklümp. Die Aufgaben unter uns vier Schwestern waren im Haushalt genau verteilt. Eine war für das Kochen der Buttermilchsuppe zuständig, das war ich, eine Schwester für das Biskuitbacken, die andere fürs Badputzen und die vierte war noch zu klein, um mitzuhelfen. Im Laufe der Jahre wechselten die Aufgaben. Ich mochte gern Buttermilchsuppe, doch ein Lieblingsessen war sie nicht gerade. Später, als ich eine eigene Familie hatte, habe ich sie nie mehr gekocht. Wahrscheinlich hatte ich sie einfach zu oft gegessen.

Doris Weiland

In vielen schleswig-holsteinischen Familien kam süße Buttermilchsuppe auf den Tisch. Heute ist sie in Vergessenheit geraten.

Eingelegte Bratheringe

Zutaten

(für 4 Personen)

12 grüne küchenfertige Heringe
Salz
Mehl zum Wälzen
Speiseöl zum Braten
1 große Zwiebel
Sud aus $\frac{1}{3}$ l Kräuteressig und $\frac{2}{3}$ l Wasser
1 Schwarzbrotkruste

Zubereitung

Heringe waschen und mit Haushaltspapier trocken tupfen. Anschließend mit Salz bestreuen und in Mehl wälzen.

Etwas Öl in einer Pfanne erhitzen und die Heringe portionsweise darin von beiden Seiten knusprig braten. Anschließend die Heringe in einen länglichen Behälter legen.

Zwiebel pellen und in dicke Ringe schneiden. Heringe mit den Zwiebelringen belegen. Kräuteressig und Wasser mischen und über die Heringe gießen. Sie sollten vollständig mit der Flüssigkeit bedeckt sein. Schwarzbrotkruste mit in den Sud legen, diese gibt den richtigen Geschmack.
2–3 Tage an einem kühlen Ort abgedeckt ziehen lassen.

Zu den eingelegten Heringen aß man in Silke Voltas Familie Bratkartoffeln.

Preiswert und gesund

Ich komme aus der Marsch, wo die Höfe baumumstellt sind und oft weit auseinanderliegen. In den 60er-Jahren besaßen wir noch kein Auto, deshalb wurden wir – wie andere Bewohner in der Gegend auch – mit vielem, was wir zum Leben benötigten, beliefert. Montags kam Kaufmann Matthiesen aus Garding und brachte eine Kiste mit Mehl, Graupen, blauen Rosinen ... und eine Tüte Bonbons für uns vier Kinder. Dienstags kam der Mappen-Onkel mit Zeitschriften, die nach einer Woche ausgetauscht wurden. Per Kutsche brachte jeden Donnerstag Müller Meeder Brot und Butterzwieback. Kuchen mussten wir vorbestellen. Später, als wir keine Hühner mehr hatten, belieferte uns der Eiermann mit frischen Eiern.

Am liebsten mochte ich Herrn Jungnickel, den fröhlichen und immer gut gelaunten Fischmann mit seinem grauen DKW. Wenn er den Kofferraum öffnete, strömte uns schon der Geruch von frischem Fisch entgegen. Neben Fischfilet gab es Heringe und auch Aale, die sich kringelten. Auch die Schollen, „Bütt" nannten wir die, bewegten sich oft noch. Doch meine Mutter nahm sie nur, wenn sie schon tot waren. Lebendigen Fisch mochte sie nicht anfassen. Zum Spaß hielt Herr Jungnickel ihr und uns Kindern einen zappelnden Aal vor die Nase, und wir mussten jedes Mal laut juchzen. Ich war froh, wenn es keinen Dorsch gab, denn Kochfisch war nicht nach meinem Geschmack.

Heringe aßen wir alle gern – und den preiswerten Hering gab es bei uns oft. Herr Jungnickel füllte unsere große weiße Emailleschüssel mit dem blauen Rand voll, erzählte uns nebenbei das Neueste, z. B. wo gerade ein Kind auf die Welt gekommen war, wer beim Melken von der Kuh verletzt worden war und wer mit wem ein Liebesverhältnis hatte ... Und dann kaufte meine Mutter manchmal noch etwas zum Abendbrot: Krabben zum Selberpulen, geräucherten Heilbutt oder einen Büggel (Bückling) möglichst mit Rogen. Das war eine schöne Abwechslung zum alltäglichen Schmalz- und Leberwurstbrot.

Natürlich gab es auf unserem Bauernhof abends auch Bratkartoffeln und dazu was „Saures" wie eingelegte Rote Bete oder Kürbis, Sauerfleisch oder Brathering. Wenn es mittags gebratene Heringe mit gestoovten Bohnen und Pellkartoffeln gab, wurden gleich alle Heringe in einem Abwasch gebraten. Das ganze Haus roch nach Fisch und es wurde tüchtig gelüftet. Nach „Hering satt" zum Mittagessen wurde der Rest dann in Sauer eingelegt. Man musste zwei bis drei Tage warten, bis sie den richtigen Geschmack hatten.

Silke Volta

Hefepuffer

Zutaten

(für 4 Personen)

500 g Mehl
1 Würfel frische Hefe
70–90 g Zucker
250 ml lauwarme Milch
1 Ei
100 g weiche Butter
1 Prise Salz
Speckscheiben zum Auslegen

Zubereitung

Das Mehl in eine Rührschüssel geben und in der Mitte eine Vertiefung machen. Die Hefe hineinbröckeln und etwas vom Zucker zugeben. Lauwarme Milch in die Vertiefung gießen und von der Mitte aus mit den Zutaten verrühren.

Ei und Butter hinzufügen und die Zutaten zu einem Teig kneten. Den Teig zugedeckt so lange gehen lassen, bis sich sein Volumen verdoppelt hat.

Einer Pufferform fetten und mit Speck auslegen. Den Teig hineingeben und abgedeckt weitere 15–20 Minuten gehen lassen. Im vorgeheizten Ofen bei 200 °C 25–30 Minuten backen. Aus der Form stürzen und mit Saft servieren.

Bis der Puffer gebacken werden konnte, musste der Hefeteig einige Zeit gehen.

Da lief ich noch schneller!

Im April 1946 wurde ich in Tating eingeschult, einen Monat später wurde ich sechs Jahre alt. Mein täglicher Schulweg war eine vier Kilometer lange Strecke – entweder über den Stockenstieg oder den Kleiweg. Bis ich Fahrrad fahren konnte, musste ich die Strecke jeden Tag zu Fuß gehen. Meistens bin ich den Weg gelaufen. Asphaltiert war nur die Bundesstraße, bis dahin waren es zwei Kilometer. Mir kam es aber sehr viel weiter vor.

Im Winter war es besonders schlimm, da ging ich nur in Gummistiefeln los. Wenn meine Kleidung durchnässt war, wurde sie am Schulofen getrocknet. Wir hatten auch am Sonnabend Unterricht, für mich ein besonderer Tag, denn zum Mittagessen gab es entweder Pfannkuchen oder Waffeln, die auf dem Kohlenherd gebacken wurden. Am liebsten war mir aber der Hefepuffer mit schwarzem Johannisbeersaft. Wenn ich wusste, dass es das gab, war ich noch schneller zu Hause als sonst.

Frauken Pahl

Gestoovte Bohnen

Zutaten

(für 6 Personen)

1 kg grüne Bohnen
Salz
50 g Butter
50 g Mehl
125 ml Milch
Sahne
1 Prise Zucker
1 EL gehackte glatte Petersilie

Zubereitung

Bohnen putzen, in kleine Stücke schneiden, waschen und in Salzwasser ca. 20 Minuten köcheln lassen. Anschließend die Bohnen abgießen.

Butter in einem Topf erhitzen und das Mehl darin anschwitzen. Nach und nach Milch einrühren. Sahne zugeben und mit Salz und Zucker abschmecken.

Die Soße über die grünen Bohnen geben und vorsichtig vermengen. Mit Petersilie bestreut servieren.

Hauptsache, mit Soße!

Ich liebe Soßen. Wahrscheinlich ist meine Oma daran schuld. Wenn ich in den Schulferien bei ihr zu Besuch war, fand sie mich immer viel zu dünn. „Du hast ja nix auf den Rippen", stellte sie jedes Mal fest, ob das nun stimmte oder nicht. Und dann kochte sie meine Lieblingsbeilage: gestoovtes Gemüse.

In ihrem Dithmarscher Landgarten gab es Gemüse zuhauf. Kohl natürlich, aber auch Möhren, Bohnen, Kohlrabi, Erbsen. Für Abwechslung war gesorgt. Am liebsten mochte ich gestoovte grüne Bohnen. Dazu gab es dann Schinkenwürfel, manchmal auch panierte Schinkenschnitzel oder Bauchfleisch. Am Ende meines Besuchs hatte ich dann wieder mal ein paar Kilo zugenommen – Oma verwöhnte mich auch sonst mit vielen anderen Leckereien – und sie war zufrieden. Und ich? Ich liebe dieses Essen immer noch. Auch wenn es eine Kalorienbombe ist.

Magrit Jessen

Gestoovtes Gemüse war ein Leibgericht, doch am besten schmeckte das Gericht mit frischen, grünen Bohnen.

Amerikaner

Zutaten

(für 1 Blech)

100 g Butter oder Margarine
100 g feiner Zucker
1 Pck Vanillezucker
1 Prise Salz
2 Eier
1 Pck Vanille-Puddingpulver
250 g Weizenmehl
3 TL Backpulver
4 EL Milch

Für den Guss
frisch gepresster Zitronensaft
150 g Puderzucker

Zubereitung

Den Backofen auf 200 °C vorheizen. Ein Backblech mit Backpapier belegen.

Butter oder Margarine, Zucker, Vanillezucker und Salz in eine Rührschüssel geben und mit dem elektrischen Handrührgerät (Rührbesen) schaumig aufschlagen. Die Eier nach und nach unterrühren.

Puddingpulver, Mehl und Backpulver in eine zweite Schüssel sieben. Mit der Milch portionsweise unter die Butter-Ei-Masse rühren.

Den Teig löffelweise auf das vorbereitete Backblech setzen und die Amerikaner im vorgeheizten Backofen ca. 12–15 Minuten backen.

Für den Guss Puderzucker mit so viel Zitronensaft verrühren, dass ein dicker Guss entsteht. Die Unterseite der abgekühlten Amerikaner damit bestreichen und trocknen lassen.

Nicht nur Amerikaner, auch ein Roller machte mich rundum glücklich.

Am liebsten vom Blech

Als ich noch nicht zur Schule ging, gab es für mich nichts Schöneres, als meine Mutter zur Arbeit zu begleiten. Während sie in einer kleinen Preetzer Bäckerei hinter dem Verkaufstresen stand und Brot, Brötchen und Kuchen verkaufte, tobte ich am allerliebsten durch die Backstube. Ich liebte den Duft, der aus den Backöfen kam und schaute fasziniert den bemehlten Bäckern zu, wie sie aus klebrigem Teig wahre Köstlichkeiten und Kunstwerke aufs Blech zauberten.

Besonders angetan hatten es mir die feinen Amerikaner. Sie begleiteten mich meine Kindheit hindurch. Kein Geburtstag ohne Amerikaner, keine Klassenfahrt ohne die Care-Dosen meiner Mutter. Im Nu waren sie leer. Am liebsten mochte ich sie pur. Ohne Schokoladenglasur, ohne Zitronenguss. Einfach so. Direkt vom Blech in den Mund. Meine Mutter buk sie stets als Mini-Ausgabe. Perfektes Fingerfood würde man heute sagen.

Meine Leidenschaft für dieses zarte Gebäck ist geblieben. Es versteht sich von selbst, dass ich sogar zu meinem 50. Geburtstag eine Dose mit Amerikanern bekam – selbst gebackene natürlich. Denn es gibt nichts Besseres!

Annerose Sieck

Fehmarnsche Dicke Grütze

Zutaten

(für 6–8 Personen)

500 g Gerstengrütze
1–2 kg frische oder geräucherte Schweinebacke
Salz
2–3 Scheiben Vollkornbrot pro Person
1 kg Kasseler Schweinebauch
Milch, Saft, Bier
(mit Zuckerwasser gesüßt)
zum Servieren

Zubereitung

Die Gerstengrütze über Nacht in reichlich kaltem Wasser einweichen (die Grütze muss vollständig mit Wasser bedeckt sein). 2 l Wasser mit der Schweinebacke in einen Topf geben und zum Kochen bringen. Die Schweinebacke ca. 90 Minuten sanft köcheln lassen. Die gequollene Gerste hinzufügen und das Ganze weitere 60 Minuten köcheln. Ggf. salzen. Ab und zu umrühren und bei Bedarf etwas Wasser hinzugießen.

Zum Servieren Brotscheiben auf Brettern anrichten. Kasseler Speck in ca. 1 cm dicke Scheiben schneiden und dazulegen. Schweinebacke dünn aufschneiden und auf einem Servierteller anrichten. Grütze in tiefe Teller füllen. Die Grütze mit Milch, Saft oder gesüßtem Bier (pro Flasche 1 Tasse Zuckerwasser) servieren. Die Grütze wird traditionell mit dem Löffel gegessen.

Grütze-Essen auf Fehmarn

Dicke Grütze ist ein altes fehmarnsches Mittagessen, das vor allem im Winter auf den Tisch kam. Bevor es Kartoffeln gab, war es auf der Insel als sättigende Mahlzeit ein Alltagsgericht. Für die Erwachsenen gab es süßes Bier dazu, den Kindern wurde es mit Milch gereicht.

Gottlob gab es dieses Gericht in meiner Kindheit nicht sehr oft. Mir wurde immer leicht übel, wenn die Grütze auf dem Tisch stand. Es ist kein Kinderessen, aber damals gab es kein Pardon. Gegessen wurde, was auf den Tisch kam. Und der Hunger trieb es rein.

Heute esse ich die Dicke Grütze mit großem Appetit und lade dazu gern Gäste ein, die sich das ganze Jahr darauf freuen. So wie ich, haben auch sie keine guten Erinnerungen an dieses Gericht aus unserer Kindheit. Doch der Geschmack soll sich ja angeblich alle sieben Jahre ändern. Mein Besuch isst die Fehmarnsche Dicke Grütze jedes Mal mit so großem Appetit, dass ich stets befürchte, die Menge reicht nicht, um alle satt zu bekommen. Zum Nachtisch serviere ich dann gern Fruchtgrütze oder Obstsalat mit Sahne.

Annekatrin Detlef

Seit 1960 verbindet die Fehmarn-Sundbrücke die Sonneninsel Fehmarn mit dem Festland. Die Dicke Grütze ist ein typisch fehmarnsches Essen.

Fliederbeersuppe mit Grießklößchen

Zutaten

(für 4 Personen)

Für die Grießklößchen
1 l Milch
1 Prise Salz
1 Stück Butter
250 g Hartweizengrieß
3 Eier
2 EL Mehl zum Binden

Für die Suppe
2 säuerliche Äpfel
1 Zimtstange
etwas Zucker
250 ml Wasser
1 l Fliederbeersaft

Zubereitung

Für die Grießklößchen Milch mit Salz und Butter in einen großen Topf geben und zum Kochen bringen. Den Grieß einrühren und zu einem festen Teig abbacken. Die Masse kurz abkühlen lassen. Dann Eier unterrühren und das Ganze mit Mehl binden. Salzwasser in einem großen Topf zum Kochen bringen. Mit einem Esslöffel Klöße aus dem Teig stechen und in das leicht köchelnde Wasser geben. Diese ca. 20 Minuten ziehen lassen. Sie sind gar, wenn sie an der Oberfläche schwimmen.

Für die Suppe Äpfel waschen, schälen, vierteln, entkernen und in Spalten schneiden. Apfelspalten mit Zimtstange und etwas Zucker im Wasser weich garen. Den Fliederbeersaft hinzugießen und erhitzen.

Die Klöße mit der Schöpfkelle aus dem Wasser nehmen, abtropfen lassen und in die heiße Suppe geben. Man kann die Suppe andicken, wir mögen sie lieber dünn.

Der Saft des schwarzen Holunders, in Norddeutschland auch Fliederbeere genannt, ergibt eine beliebte Suppe, die manchmal auch mit Mehlklößen gegessen wird.

Großer Wintervorrat

Ich bin kein typisches Nachkriegskind, das mit Hunger und Entbehrungen leben musste. Unsere Familie lebte in der Bäckerei von Großtante und Großonkel in einem kleinen Dorf auf Eiderstedt, und schräg gegenüber betrieben meine Großeltern eine Schlachterei. Unter diesen Voraussetzungen haben wir im Gegensatz zu vielen anderen keine wirkliche Not gelitten. Ich habe noch immer den Duft von frischem Gebäck und Brot in der Nase. Wie oft stand ich vor dem großen Brottrog in der warmen Backstube oder dem elektrischen Rührgerät für Eischnee und Eiweiß. Für mich und meinen Bruder fielen stets ein paar Köstlichkeiten ab. Vielleicht backe ich deshalb heute so gut und gerne.

Sonntags kam bei uns ein Braten auf den Tisch. Dafür sorgten schon meine Großeltern. Die ganze Familie freute sich darauf, nur mein kleinerer Bruder nicht. Er aß kein Fleisch, sondern nur Gemüse, das meine fleißige Mutter auf einem Acker beim Dorf anbaute. Gekochte Kartoffeln und rohe Zwiebeln waren sein Leibgericht.

Unsere Kindheit war unbeschwert. Wesentlich dazu bei trugen meine Großeltern, die meine aus Ostpreußen stammende Mutter liebevoll bei sich aufnahmen. In ihrem Garten haben wir gern gespielt und genascht. Dort wuchsen viele Johannisbeerbüsche. An die köstlichen Säfte erinnere ich mich heute noch gerne. Auch an den Fliederbeersaft, den meine Großmutter als Wintervorrat zubereitete. In der kalten Jahreszeit kochte meine Mutter für uns gern eine heiße Fliederbeersuppe mit Grießklößen.

Deshalb gibt es auch in meinem Garten Johannisbeeren und Fliederbeeren. Mein Mann erntet und „entnibbelt" die Beeren und ich entsafte mindestens 30 Flaschen für den Winter. Dann gibt es fast jede Woche Fliederbeersuppe und Klöße, die auch von den Enkeln geliebt wird. Das Rezept stammt noch von meiner Mutter. Schmeckt köstlich, ist bekömmlich für den Magen, vor allem wenn man in den Tagen davor „gevöllert" hat.

Marie-Luise Behm

Ma-Ka-Ha

Zutaten

(für 4 Personen)

750 g Möhren
1 EL Butter
250 ml Wasser
Salz
375 g Makkaroni
(in 3 cm lange Stücke brechen)
2 Zwiebeln
800 g Hackfleisch
8 EL Semmelbrösel
2 Eier
1,5 TL Salz
Pfeffer, Paprika
Öl zum Braten

Tomatenketchup
gehackte Petersilie

Zubereitung

Die Möhren waschen, schälen, würfeln und mit Butter im Salzwasser in 15–20 Minuten gar köcheln.

Zum Garen der Nudeln 2–3 l Wasser mit Salz zum Kochen bringen. Die Makkaroni hinzufügen, ca. 15 Minuten kochen, abgießen und in einem Sieb abtropfen lassen.

Zwiebeln schälen und fein würfeln. Mit Hackfleisch, Zwiebeln, Semmelbröseln, Eiern, Salz und den Gewürzen verkneten. In einer Pfanne Öl erhitzen und die Hackfleischmasse darin krümelig braten, bis sie gar ist.

Möhren, Makkaroni und Hackfleisch in einen großen Topf geben und gut mischen. Mit Ketchup abschmecken. Das Ganze in eine Schüssel geben und mit viel Petersilie bestreut servieren. Ketchup auch auf den Tisch stellen, dann kann jeder nach Belieben nachwürzen!

Die gute Frau Rahlf

In Presen, einem kleinen Dorf auf der Insel Fehmarn, habe ich eine schöne und unbeschwerte Kindheit verlebt. Da ich sehr tierlieb bin, habe ich mich viel mit den Tieren auf unserem Bauernhof beschäftigt. Mit sechs Jahren (1964) kam ich in die damals neu erbaute Dörfergemeinschaftsschule in Puttgarden. Anschließend besuchte ich die Realschule (auch Mittelschule genannt) in Burg. Da kein Bus dorthin fuhr, war es selbstverständlich, dass wir Kinder die sieben Kilometer zur Schule mit dem Rad fuhren. Im Winter wurden wir allerdings von den Eltern zur Schule gefahren.

Von der 7. bis zur 10. Klasse hatten die Jungen „Werken" und wir Mädchen „Kochen". Frau Rahlf, unsere patente Hauswirtschaftslehrerin, lehrte uns in dieser Zeit die Grundbegriffe des Kochens und Backens. Wir lernten viele neue Gerichte kennen, z. B. Pizza, Ma-Ka-Ha oder Spaghetti mit Hackfleischsoße. Gerichte, die zu Hause bis dahin nicht gekocht wurden. Mein Lieblingsgericht wurde Ma-Ka-Ha. Sogar meine Mutter, die nicht so gern Neues ausprobierte, übernahm das Rezept, weil es auch ihr schmeckte. Damals hatten wir nicht so viele Nudelsorten wie heute, wir kannten die kleinen Suppennudeln und Makkaroni. Noch immer bereite ich dieses leckere vollwertige Gericht zu, sehr zur Freude meiner Familie.

Ma-Ka-Ha ist die Abkürzung für Makkaroni-Karotten-Hackfleisch. Heute nehme ich statt der Makkaroni gedrehte Nudeln (z. B. Fusilli).

Antje Jandrey

Antje Jandrey als glückliches Kind in Presen, einem kleinen Dorf auf der Ostseeinsel Fehmarn. In späteren Jahren waren Makkaroni, am liebsten als Ma-Ka-Ha, eine ihrer Leibspeisen.

Buttermilchsuppe
mit Schinken und Hamburger Klüten

Zutaten

(für 4–6 Personen)

500 g Schinkenknochen oder geräucherter durchwachsener Speck

2 l Buttermilch

500 g getrocknete Birnen und Pflaumen

Vanillepuddingpulver oder Sago (bzw. Graupen)

Für die Hamburger Klüten

250 ml Milch oder Wasser

Salz

125 g Mehl

20 g Butter

Zubereitung

Knochen oder Speck mit Wasser in einen Topf geben, zum Kochen bringen und in ca. 60 Minuten gar köcheln. Speck herausnehmen.

In einen zweiten großen Topf die Buttermilch gießen. Das Speckgarwasser insgesamt oder nur einen Teil (je nach Geschmack) zugeben. Speck hinzufügen und bei schwacher Hitze ca. 20 Minuten darin ziehen lassen. Herausnehmen und warm halten.

Das getrocknete Obst in den Topf geben und in ca. 20–30 Minuten weich köcheln. Nach Geschmack mit angerührtem Vanillepuddingpulver oder Sago andicken. Den Speck in mundgerechte Stücke schneiden und wieder in die Suppe geben.

Für die Hamburger Klüten Milch oder Wasser mit etwas Salz zum Kochen bringen. Kocht diese, die Butter einrühren. Das Mehl auf einmal in den Topf geben und so lange rühren, bis sich der Teig vom Topfboden löst (abgebrannt ist). Topf vom Herd ziehen und den Teig etwas abkühlen lassen.

Dann die Eier unterrühren. Mit feuchten Händen Klöße formen und diese in schwach köchelndem Wasser gar ziehen lassen.

Die Suppe schmeckt mit Schinkenknochen, aber auch mit leckerem geräuchertem Bauchspeck sehr gut. Die Kombination mit süßem Obst ist typisch für die Küche Schleswig-Holsteins. Gekocht wurde auf dem alten Feuerherd.

Vom alten Feuerherd

Meine zwei Schwestern und ich (Jahrgang 1949) sind auf einem Bauernhof in Tangstedt Dorf aufgewachsen, wo wir eine glückliche Kindheit verbrachten. Auch unsere Großeltern lebten dort und mit den Helfern auf dem Hof saßen immer eine Menge Leute am Tisch. Damit auch alle satt wurden, wurde alles, was auf dem Hof wuchs, verwertet und haltbar gemacht. Wenn im Herbst Birnen und Pflaumen reif waren, wurden diese getrocknet. Wir Kinder halfen mit, denn das Obst brauchte lange, um im Ofen zu trocknen und musste zwischendurch regelmäßig gewendet werden.

Natürlich wurden bei uns auch Schweine geschlachtet und leckere Wurst und Schinken zubereitet und geräuchert. Auch Lungenwurst, die in dünne Därme abgefüllt wurde. Gekocht wurde auf einem alten Feuerherd. Wenn im Winter der Schinken aufgegessen war, kochte meine Oma aus den Knochen immer eine Buttermilchsuppe mit Hamburger Klüten und getrocknetem Obst. Wir Geschwister erinnern uns noch heute gern daran. Man kann die Suppe auch mit geräuchertem, durchwachsenem Speck zubereiten.

Elke Schack

Zweierlei Futjes

Zutaten (Hefefutjes)

1 l Milch
1 TL Butter
1 Prise Salz
250 g Grieß
1 Würfel Hefe (mit ½ TL Zucker anrühren)
10 Eier
500 g Mehl
500 g Rosinen
Fett zum Ausbacken

Zubereitung

Milch, Butter und Salz in einen Topf geben und zum Kochen bringen. Sobald die Milch kocht, den Grieß einrühren und abbacken, bis er sich vom Topfboden löst. Den Grieß etwas abkühlen lassen.

Hefe zugeben und unterrühren. Nach und nach die Eier unterrühren. Zuletzt Mehl und Rosinen unterarbeiten. Den Teig abgedeckt gehen lassen, bis sich sein Volumen deutlich vergrößert hat.

Anschließend mit einem Esslöffel die Futjes aus der Teigmasse ausstechen und in heißem Fett ausbacken. Dazu wird Zucker gereicht.

Zutaten (Quarkfutjes)

500 g Magerquark
6 Eier
100 g Zucker
3 Pck Vanillezucker
500 g Mehl
2 Pck Backpulver
2 TL Citroback
Rosinen nach Belieben
Fett zum Ausbacken

Zubereitung

Quark, Eier, Zucker und Vanillezucker in eine Rührschüssel geben und vermengen. Mehl und Backpulver mischen und nach und nach unterrühren. Zum Schluss Citroback und Rosinen unterarbeiten.

Das Fett im Topf heiß werden lassen, den Teig mit einem Löffel abstechen und im Fett in ca. 5 Minuten goldbraun backen, dabei ab und zu drehen.

Silvester ohne Futjes – ob mit Hefe oder Quark gebacken: für Ingrid Sattler und Annegret Appelles unvorstellbar.

„Rummel, rummel, ruutje, krieg ik noch een Futje?"

Futjes wurden traditionell zu Silvester gebacken und waren eine gern gesehene Leckerei. Das wussten auch die Rummelpottläufer (kostümierte Kinder), die mit selbst gebauten Rummelpötten von Haus zu Haus zogen, um das alte Jahr zu verabschieden und als Belohnung für ihren Gesang das begehrte Hefegebäck oder andere Leckereien zu erheischen. Die in Fett gebackenen Förtchen oder Futjes (Plattdeutsch) eroberten bereits Ende des 18. Jahrhunderts die schleswig-holsteinische Küche. Ursprünglich kommen die kleinen Krapfen aus Dänemark. Sie erfreuen sich trotz „Berliner"-Konkurrenz immer noch sehr großer Beliebtheit und werden von vielen auch gerne zur Weinsuppe gegessen (insbesondere in Nordfriesland). Sie schmecken noch warm ohne alles, aber auch mit Zucker oder Puderzucker bestreut.

Ingrid Sattler

Zum Jahreswechsel sind wir Kinder in Wobbenbüll immer Rummelpott gelaufen. Man verkleidet sich und geht von Haus zu Haus und singt das Lied: „Rummel, rummel, rutsche, giv mi doch een Futje, kriech ick een, blief ick stohn, kriech ick twee, will ick gohn, giefs mie dree, wünsch ick Glück, dat die Osche mit de Posche dör de Schornsteen flücht! Dat ole Johr, dat nie Johr, sind de Futjes noch nich gor, pros Niejohr, pros Niejohr!" Dann bekamen wir Kinder Süßigkeiten oder auch selbst gebackene Futjes. Eine glückliche Zeit. Mit den Jahren wussten wir ganz genau, welche Futjes schmeckten und welche nicht. Traditionell werden sie mit Hefe gebacken, aber ich backe sie gern mit Quark und Backpulver.

Annegret Appelles

Geschmorte Nieren (Saure Nieren)

Zutaten

(für 4 Personen)

250 g Nieren
40 g Speck
50 g Zwiebeln
30 g Fett
30 g Mehl
500 ml Brühe
125 g Senfgurken
Salz, Pfeffer, Zucker

Zubereitung

Die Nieren längs aufschneiden und nach Entfernen der Röhren sehr gut waschen. Rindernieren einige Zeit wässern. Anschließend das Fleisch in Scheiben schneiden.

Den Speck in Würfel schneiden. Zwiebeln pellen und fein würfeln. Das Fett in einem Topf erhitzen und Speck und Zwiebeln darin anschwitzen.

Nierenstücke zugeben. Sobald sie gebräunt sind, das Mehl darüberstäuben. Hat es auch eine braune Farbe angenommen, mit der heißen Brühe ablöschen, kurz aufkochen, dann die Nieren bei reduzierter Hitze gar köcheln lassen.

Senfgurken in Würfel schneiden, hinzufügen und die Soße mit Salz, Pfeffer und Zucker abschmecken. Zu den geschmorten Nieren werden Salzkartoffeln gereicht.

Erntezeit im Jahr 1950

Es war Hochsommer, muss wohl August gewesen sein, denn das Getreide war reif und musste geerntet werden. Zwei Pferde wurden vor den Leiterwagen gespannt. Wir Kinder durften zu unserer Freude auf den Wagen klettern und ließen die Beine durch die Trallen herunterbaumeln. Vater stand vorn an der Deichsel, Zügel und Peitsche in der Hand, und mit einem „Te-rab" ließ er die Pferde antraben. Der Wagen rumpelte über den Hof, hinaus auf die unebene, ausgefahrene Straße. Nein, es war eher ein Sandweg mit tiefen Spurrillen, in der Mitte wuchs ungehindert das Gras.

Meine Geschwister und ich fanden es lustig, mit einem langen „Aa aa aa aa h" laut vor uns hin zu stottern, die Straßenlöcher machten es möglich. Natürlich nur so lange, bis wir vor lauter Lachen kein Stottern mehr zustande bekamen. Den Geruch der schwitzenden Pferde habe ich noch heute in der Nase. Auch das Knarren des Holzwagens und das Knirschen der eisenbeschlagenen Räder im Sand sind so stark in meiner Erinnerung, dass ich es immer noch höre.

Auf dem Feld sahen wir viele Störche. Sie suchten auf der Nachbarwiese ihr Futter, Würmer, Käfer oder einen Frosch. Manche Vögel kreisten am Himmel, der so blau war, so herrlich blau. Höchstens hier und da zog eine kleine, schneeweiße Wolke dahin. Mutter und Vater luden die Strohgarben auf den Wagen, Schweiß rann ihnen übers Gesicht. Eine anstrengende Arbeit, alles geschah damals per Hand und Muskelkraft. Mit der Heugabel wurde aufgestakt, was Tage vorher mühselig mit der Sense geschnitten, zu Garben gebunden und zum Trocknen aufgehockt worden war. Niemand aber beklagte sich, in meiner Erinnerung sehe ich sehe nur zufriedene Gesichter.

Die Pferde zogen den beladenen Wagen, wir Kinder saßen fröhlich lachend obendrauf, brav bis zum Haus. Sie wurden ausgespannt, bekamen frisches Wasser und durften bis zur nächsten Fuhre ausruhen. Mittlerweile hatte unsere Magd das Mittagessen hergerichtet, der Duft zog von der Küche bis in die Diele. Es gab unsere Lieblingsspeise, nämlich geschmorte Nieren.

Bärbel Lenschow

Zu Beginn der 50er-Jahre war die Getreideernte noch echte Knochenarbeit, die hungrig machte.

Kartoffelgrütze

Zutaten

(für 4 Personen)

ca. 700 g mehligkochende Kartoffeln (vom Vortag oder frisch gekocht)
etwas Salz
150–200 ml Milch
gewürfelter Schinken
gehackte Petersilie

Zubereitung

Frische Kartoffeln schälen, waschen und in Salzwasser gar köcheln. Abgießen. Die Milch erwärmen und zu den Kartoffeln gießen. Kartoffeln mit der Milch stampfen.

Nach Geschmack Schinkenwürfel und Petersilie unterrühren. Fertig. Die Grütze serviert man mit kalter Milch, die darübergegossen wird.

Kartoffeln vom eigenen Acker gab es täglich. Die Reste wurden zur leckeren Kartoffelgrütze verarbeitet.

Wohlschmeckende Resteküche

Aufgewachsen bin ich in einem kleinen Dorf in Angeln. Wir waren eine echte „Großfamilie". Meine Eltern, mein Bruder, meine Oma, mein Onkel, ein landwirtschaftlicher Gehilfe und ich lebten auf unserem Hof. Wir hatten Ackerbau, Milchvieh und Schweine und auch Hühner.

Meine Mutter achtete darauf, dass Gerichte aus allen Bereichen unseres landwirtschaftlichen Betriebes in der Woche auf den Tisch kamen und sie war (und ist immer noch) eine wahre Meisterin in der Verwertung von Resten des Vortages. Es versteht sich von selbst, dass nichts weggeworfen wurde. So entstanden die Gerichte Kartoffel-Grütze und Senf-Eier. Beide Gerichte haben mich in meiner Kindheit begleitet – und ich esse sie noch heute gern.

Sonja Jürgensen

Grießfisch mit Saftsoße

Zutaten

(für 4 Personen)

Für den Grieß
500 ml Milch
abgeriebene Schale von 1 Bio-Zitrone
40 g Zucker
50 g Grieß
1 Ei
1 Handvoll Korinthen

Für die Saftsoße
300 ml Wasser
1 Zimtstange
70 g Zucker
300 ml Johannisbeersaft
nach Belieben Wein

Zubereitung

Für den Grieß Milch, Zitronenschale und Zucker in einem Topf verrühren und zum Kochen bringen. Den Grieß unter Rühren einrieseln lassen, erneut aufkochen lassen. Topf vom Herd nehmen und den Grieß 10 Minuten quellen lassen.

Das Ei trennen. Eigelb unter die heiße Grießmasse ziehen. Eiweiß steif schlagen und unterheben. Ein Tongefäß in Fischform oder eine andere Form mit kaltem Wasser ausspülen und die Korinthen auf den Boden der Form streuen. Den Grieß hineingeben, glatt streichen und 3 Stunden in den Kühlschrank stellen.

Für die Saftsoße Wasser, Zimtstange und Zucker in einen Topf geben und zum Kochen bringen. Rühren, bis der Zucker sich aufgelöst hat. Topf vom Herd nehmen und das Ganze abkühlen lassen. Den Saft unterrühren. Nach Belieben Wein hinzugeben. Abschmecken und je nach Geschmack noch etwas Zucker oder Saft zugeben.

Egal was es vorher gab: Von diesem Nachtisch blieb nichts übrig.

Fisch will schwimmen ...

Wenn ich als Kind bei Oma und Opa (Kleingarn) in Burg auf Fehmarn zu Besuch war, um dort die Ferien zu verbringen, freute ich mich auf meinen Lieblingsnachtisch „Grießfisch mit Saftsoße". Den bereitete meine Oma zu meiner (und auch zu Opas) Freude oft zu. Opa Peter hat gerne und gut gegessen und goss gerne einen Schuss Wein in die Fruchtsoße. „Fisch will schwimmen", hat er gesagt und begeistert zugelangt.

Beim „Grießfisch" gibt es ein bestes Stück, das direkt hinter dem Kopf liegt. Das gab es in meiner Kindheit aber erst, wenn der Kopf und der Schwanz verteilt und aufgegessen waren. Auf jeden Fall war zum Schluss nichts mehr übrig. Weil der Nachtisch einfach so lecker war.

Doris Weiland

Guter Rat

Zutaten

(für 6-8 Personen)

250 g Margarine oder Butter
175 g Zucker
4 Eier
1 Pck Vanillezucker
(nach Belieben)
300 g Weizenmehl
ca. 250 ml kochendes Wasser

Zubereitung

Margarine oder Butter zerlassen und etwas abkühlen lassen und mit dem Zucker verrühren. Nach und nach die Eier unter die Masse rühren. Nach Belieben Vanillezucker hinzufügen. Portionsweise das Mehl unterarbeiten.

Zum Schluss das Wasser zugeben und unterrühren. Der Teig sollte dünnflüssig sein. Ist er zu dick, etwas mehr kochendes Wasser zugeben.

Ein Eiserkucheneisen fetten und erhitzen, portionsweise etwas Teig hineingeben und die Waffeln goldbraun backen. Nach Belieben die noch heißen Waffeln über einen Holzlöffelstiel sofort zu Röllchen wickeln und die abgekühlten Eiserkuchen mit geschlagener Sahne gefüllt servieren.

Das Ehepaar Zauner brachte den „Guten Rat" nach Braderup. Ihre Tochter Margrit (rechts) mit ihren Cousins Lutz (links) und Stefan (Mitte) 1964. Nach ihrer Fahrradtour hatten sie riesigen Appetit – natürlich auf die leckeren Eiserkuchen.

Immer eine Dose „Guter Rat"

Anfang der 60er-Jahre zog unsere jetzige Nachbarin Helene Zauner mit ihrer Familie in das Dorf Braderup. Seitdem backt sie zu besonderen Anlässen ihre berühmten Eiserkuchen. Bei uns Dorfkindern waren die Waffeln überaus begehrt. Ein halbes Jahrhundert lang haben sie und ihr Mann Alwin mit einer wahren Begeisterung wohl Hunderte, wenn nicht sogar Tausende dieser leckeren Waffeln zubereitet. Wenn jemand in der Familie oder Nachbarschaft Geburtstag hatte, gab es eine große Dose „Guter Rat" als Geschenk. Das hat in unserem Dorf Tradition.

Mitte der 80er-Jahre ging unser Nachbar in Rente. Mit einem Mal hatte er mehr Zeit, als ihm lieb war. Ständig fragte er seine Frau, ob er nicht mal wieder Waffeln backen könnte. Obwohl er schon 1998 verstorben ist, sehe ich ihn vor mir, wie er vor dem Eisen in der Küche sitzt und eine Waffel nach der anderen backt. Seine Frau ist mittlerweile weit über 80 Jahre alt und kann nur noch schlecht sehen. Aber sie backt nach wie vor für die „Geburtstagskinder" eine Dose „Guten Rat". Denn die gehört einfach dazu.

Woher die Waffeln diesen hübschen Namen haben weiß keiner. Vielleicht weil Waffeln in jeder Lebenslage Trost spenden. Oder man ist einfach gut beraten, dieses Gebäck stets parat zu haben. Es könnte ja mal unerwarteter Besuch vor der Tür stehen.

Anke Johannsen

Haschee-Soße

Zutaten

(für 4 Personen)

3 Zwiebeln
Margarine zum Braten
500 g gemischtes Hackfleisch
Salz
Pfeffer
1 EL Mehl

Zubereitung

Zwiebeln schälen und fein hacken. Etwas Öl in einer Pfanne erhitzen und Zwiebeln und Hack kräftig anbraten. Mit Salz und Pfeffer würzen.

Mehl darüberstreuen und etwas Wasser zugeben, bis die Soße die richtige Konsistenz hat. Das Ganze einige Minuten köcheln lassen.

Dazu reicht man selbst gemachtes Kartoffelpüree, das mit einem Eigelb und etwas guter Butter verfeinert wird.

Die Kochkünste meiner Schwester

Unsere Kindheit verbrachten meine vier Geschwister und ich (Jahrgang 1955) in einem Dorf in Dithmarschen. Meine Eltern betrieben eine kleine Firma in der Fischverarbeitung. Meine Mutter war voll in den Betrieb eingespannt, vor allem in der Zeit, in der es viele Aale gab, und so hatte sie nur wenig Zeit für uns. Ein Mittagessen für uns zu kochen, schaffte sie in den Hochzeiten, wenn viel im Betrieb los war, kaum.

Meine zwei Jahre ältere Schwester Magret nahm in unserer Küche schon früh das Ruder in die Hand, denn sie wollte schon immer Köchin werden. Ich erinnere mich, dass sie für uns Geschwister oft Buttermilchsuppe mit Nudeln zubereitete, die wir gern mochten. Das Kochen musste mittags schnell gehen, und so wurde oft improvisiert. Was uns begeisterte, war ihre leckere Haschee-Soße. Wir Geschwister erinnern uns gern daran. Aber auch meine Eltern waren von ihren Kochkünsten angetan.

Waltraut Brammer

Mit ihren Kochkünsten eroberte die ältere Schwester Magret die Herzen ihrer Geschwister im Sturm. Diese Soße liebten alle.

Arme Ritter

Zutaten

(für 3 Personen)

300 ml Milch
2 große Eier
50 g Zucker
6 dicke Scheiben Weißbrot
(5 Tage alt)
50 g Butterschmalz oder
5 EL Speiseöl

Zubereitung

Milch mit Eiern und Zucker verrühren. Weißbrotscheiben in eine Schale legen, mit Eiermilch übergießen und einweichen lassen, bis die Milch aufgesogen ist.

Etwas Butterschmalz oder Öl in einer beschichteten Pfanne erhitzen. Die Brotscheiben darin bei mittlerer Hitze von beiden Seiten in etwa 8 Minuten knusprig braun braten und die armen Ritter heiß servieren.

Egal ob altes Weißbrot, alte Brötchen oder trocken gewordenes Baguettebrot: Als „Arme Ritter" erwachen sie zu neuem Leben. Henning Möbius und seine Geschwister fanden sie in ihrer Kindheit einfach himmlisch!

Wir leckten uns die Finger danach ...

Unser Vater war 1934 mit Frau und Tochter nach Ostafrika gereist, um dort ein Hospital zu leiten. 1947 kam er zurück in seine zerstörte Heimatstadt Neumünster mit inzwischen sechs Kindern. Wir fanden Obdach in einem Behelfsheim (winzige Küche und zwei ebenso kleine Zimmerchen, Trockenklo und Pumpe) im Garten meiner Großeltern. Im Garten wurde alles unter den Spaten genommen, um Platz für Gemüse zu haben. Kaninchen sorgten für etwas Fleisch. Wir hatten bei alledem eine sehr glückliche Kindheit und wurden durch die Improvisationskünste unserer Mutter stets satt.

Um sparsam zu wirtschaften, kaufte sie immer älteres Brot, zumal es im Magen etwas länger vorhielt als frisches. Wenn das Weißbrot dann schon mal sechs Tage alt war, gab es für uns ein Festessen, nach dem wir uns die Finger leckten: Arme Ritter. Der Name war uns nicht so ganz einleuchtend, da es uns doch eher ein Gericht für reiche Menschen zu sein schien. Die Herstellung war so einfach, dass ich dabei schon als Neunjähriger helfen durfte und ich tat es sehr gerne.

Henning Möbius

Hefeklöße mit Backobst und Schinkenwürfeln

Zutaten

(für 4 Personen)

Für die Hefeklöße

20 g Hefe (1/2 Würfel)
1 EL Zucker
125 ml lauwarme Milch
125 g Butter
3 Eier
500 g Mehl
1 Prise Salz

Für das Backobst

250 g Backobst
3 EL Zucker
1 Stück Zimt
1 Stück Zitronenschale (unbehandelt)
1 EL Speisestärke
Wasser

Zubereitung

Für die Klöße die Hefe mit dem Zucker und etwas lauwarmer Milch verrühren. Restliche Milch und Butter lauwarm erhitzen. Das Mehl und das Salz in eine Schüssel geben.

Nacheinander Eier, Milch und Hefemischung unterarbeiten und alles gut durchkneten, bis sich ein elastischer Kloß ergibt. Den Teig abgedeckt an einem warmen Ort mindestens 30 Minuten gehen lassen, bis sich das Volumen mindestens verdoppelt hat. Dann erneut gut durchkneten. Esslöffelgroße Stücke abstechen und Klöße daraus formen. In kochendes Salzwasser geben und 5–10 Minuten garziehen lassen.

Das Backobst über Nacht mit Wasser bedeckt einweichen. Am nächsten Tag zusammen mit Zucker, der Zimt-stange und Zitronenschale aufkochen und 10 Minuten kochen lassen. Die Speisestärke mit wenig Wasser anrühren und das gekochte Backobst damit andicken. Abgekühlt zusammen mit gewürfeltem Katenschinken zu den Klößen reichen.

Renate Jacobshagen mit Mutter und Großmutter und allerlei Federvieh auf ihrem Stück Land. Hier verlebte sie eine glückliche Kindheit.

Die Freiheit auf dem eigenen Stück Land

1950 tat unsere Familie einen mutigen Entschluss. Die 2-Zimmer-Mietwohnung in der 2. Etage am Stadtrand von Hamburg wurde aufgegeben, und wir zogen in eine ausgediente Militärbaracke auf einem riesigen Stück Land in der Nähe von Quickborn. Alles war einfach, aber es gehörte uns. Es gab dort viel Platz zum Toben, und keiner konnte uns wegen des Krachs, den wir machten, ermahnen. Ich war vier Jahre alt, meine Schwester neun Jahre älter, wir wohnten mit meinen Eltern und der Großmutter sehr beengt, aber wir genossen unsere Freiheit.

Wir lebten mit Hühnern, Puten, Hund und Katze, es gab aber auch ein Schwein, das mit allem, was das Land und die Küche hergaben, gemästet wurde. Im Winter kam der Schlachter zur Hausschlachtung. Eine spannende Sache! Das Töten durften wir nicht sehen, aber dann hing das aufgeschlitzte Schwein kopfüber an der Leiter, wie interessant, wie es von innen aussah! Alles wurde begutachtet und hinterfragt. Eine Schweinehälfte nahm der Schlachter mit, sie war an ihn verkauft, die andere wurde bei uns zu Hause aufgeteilt und verarbeitet. Der große Schinken ging zur Räucherei, und nach einigen Monaten war daraus ein leckerer Katenschinken geworden. Meist war er gerade fertig, wenn sich die ersten Spargelspitzen aus dem selbst gehäufelten Spargelbeet schoben. Jeden Morgen schaute ich als Erstes, ob ich irgendwo ein weißes Köpfchen entdecken konnte. Meine Mutter zeigte mir, wie man die Stangen freilegen musste und wie sie schräg mit einem Messer abgeschnitten wurden. Das leckere Sonntagsessen waren Spargel und eine Scheibe Schinken, vielleicht auch schon mit Frühkartoffeln aus eigenem Garten.

Noch mehr liebte ich aber Hefeklöße mit Backobst und Schinkenwürfeln, das gab es dann auch mal unter der Woche. Ich liebte den Duft des Hefeteigs, der abgedeckt in der Nähe des Herdes stand und langsam in der Schüssel größer und größer wurde. Und natürlich durfte ich mal naschen, aber nicht zu viel, denn das gab ganz schnell Bauchweh! Schließlich formte meine Mutter die Klöße und ließ sie ins kochende Salzwasser plumpsen. Nun mussten sie nur noch wieder an die Oberfläche steigen, dann fischten wir sie heraus, rissen sie mit zwei Gabeln auseinander und genossen sie mit angedicktem Backobst und eben den kleinen Schinkenwürfeln.

Renate Jacobshagen

Himmel und Erde

Zutaten

(für 4-6 Personen)

500-750 g Kartoffeln
4-6 Äpfel
Salz
Zucker
gewürfelter magerer Speck
etwas Öl oder Bratfett

Zubereitung

Kartoffeln waschen, schälen und in Stücke schneiden. Äpfel waschen, schälen, vierteln und das Gehäuse herausschneiden. Kartoffeln und Äpfel mit Wasser in einen Topf geben und gar köcheln.

Abgießen und mit einem Kartoffelstampfer zermusen. Mit etwas Salz und Zucker (süß-sauer) abschmecken. Den Speck in der Pfanne mit etwas Fett auslassen. Das kompottähnliche Gericht auf den Teller füllen, den ausgelassenen Speck darübergeben, dann kann serviert werden.

Waschtag anno dazumal

Wenn meine Mutter verkündete, dass am nächsten Tag die große Wäsche zu machen sei, wussten meine Schwestern und ich, was uns erwartete. Begeistert waren wir natürlich nicht, dass wir „helfen" durften. Am nächsten Morgen sollte es in aller Frühe losgehen, deshalb waren viele Vorbereitungen zu treffen. Zunächst wurden die Betten abgezogen, die schmutzige Tischwäsche und die benutzten Handtücher zusammengesucht. Die Wäsche kam zum Einweichen in die große, mit Wasser gefüllte Zinkwanne, mit einem großen Holzspat wurde sie eingetaucht. Der Heizkessel benötigte „Brennstoff", also holten wir ofenfertiges Holz aus dem Schuppen. Gern ging ich dort nicht hinein, da hausten Spinnen und andere Krabbeltiere, die mir nicht geheuer waren. Aus der Gartenpumpe pumpten wir das Wasser in einen Eimer, schleppten ihn zu zweit in die Waschküche, und füllten so nach und nach den großen Kessel.

Am anderen Morgen stand unsere Mutter sehr früh auf, heizte den Heizkessel und bereitete das Frühstück für uns Kinder zu. Vater war längst aus dem Haus, beim Bauern im Dorf tat er seine Dienste. Auf dem rustikalen Holztisch standen der Brotkorb mit selbst gebackenem Brot, Butter aus eigener Herstellung, von der deftigen Leberwurst war auch noch etwas da. Mein Favorit war jedoch dunkler Sirup, sogenanntes „Zuckerrüben-Kraut". Auch das stammte aus Mutters eigener Herstellung.

Wenn die saubere Wäsche auf der Leine hing, waren alle zufrieden … und hungrig!

Dann ging es an die Arbeit. Das Wasser im Kessel war schon heiß, die Wäsche wurde mit dem großen Holzspat aus der Wanne gehoben und in den Heizkessel befördert. Das war eine Pütscherei! Was für ein Glück, dass wir Gummistiefel trugen, denn der Fußboden bekam eine Menge Wasser ab. Die Wäsche musste nun eine ganz Zeit lang kochen, mit einem Stampfer presste man ordentlich auf der heißen „Wäschesuppe" herum, und bald sah man die Hand vor Augen nicht. Es dampfte, wie es in einer Waschküche dampfen muss. Noch einmal legte meine Schwester Holz im Kessel nach, aber zum Mittag war die Wäsche mit Sicherheit „gar", hatte also genügend gekocht.

Es war ganz schön heiß im Waschraum, wenn die Wäsche zum Spülen in die mit frischem Wasser gefüllte Zinkwanne umgefüllt wurde. Hierzu kam der Holzspat wieder zum Einsatz. Die Bettbezüge, Tischtücher und Handtücher waren recht schwer geworden, unsere Mutter musste all ihre Kraft aufwenden. Der Spülgang wurde mehrmals wiederholt, damit die Wäsche auch wirklich sauber wurde. Nun waren wir Mädchen wieder am Zug. Wäschestück für Wäschestück wurde zu zweit ausgewrungen, eine fasste das obere Ende des Tuches an, die andere das untere Ende und aus einem Handtuch oder Betttuch wurde eine „Wurst" gedreht und das Wasser musste das Weite suchen. Nasse Füße blieben nicht aus, trotz der Gummistiefel.

Auch wenn die Arbeit schwer war, wir hatten doch unseren Spaß, es wurde erzählt und viel gelacht. Im Garten spannten wir die Wäscheleine, und bald flatterten sie im Wind: die Betttücher und Bettlaken, die weißen Tischtücher und viele Handtücher. Die Sonne half beim Trocknen und abends konnten wir alles wieder abnehmen und ins Haus holen. Der nächste Arbeitsgang war der Beste: Ein Tuch, vier Zipfel, zwei Mädchen, sie reckten, streckten und zogen, immer diagonal, schließlich wurde zusammengelegt. Es war ein richtiges Kräftemessen, doch manchmal konnten wir vor lauter Lachen nicht mehr recken und strecken. Am nächsten Tag holte Mutter das Bügeleisen aus dem Schrank und der große Wäschestapel verschwand so nach und nach im Schrank. Die mühselige Plackerei machte Appetit auf ein deftiges Mittagessen: Himmel und Erde. Köstlich!

Bärbel Lenschow

Karpfen blau mit Meerrettichsoße

Zutaten

(für 4 Personen)

Für den Karpfen
1 großes Bund Suppengrün
1 Bund Dill
1 Zitrone
4 Lorbeerblätter
10 Pfefferkörner
500 ml trockener Weißwein
Salz
2 kg Karpfen (gesäubert, ausgenommen)
250 ml Weißweinessig

Für die Soße
1 Schalotte
1 EL Butter
1 TL Mehl
100 ml Weißwein
200 g Sahne
Kochsud (vom Karpfen)
50 g frisch geriebener Meerrettich
Salz
Pfeffer
Zitronensaft

Zubereitung

Für den Karpfen das Suppengemüse waschen. Möhren und Knollensellerie schälen. Porree, Möhren und Sellerie klein schneiden. Dill waschen, Spitzen von den Stängeln zupfen. Zitrone in Scheiben schneiden. Gemüse, Dill, Zitronenscheiben, Kräuter und etwas Salz mit 2 l Wasser in einen Topf geben und zum Kochen bringen. Anschließend sanft köcheln lassen.

Karpfen vorsichtig abspülen (die Schleimschicht nicht verletzen). Essig in einem kleinen Topf aufkochen und langsam über den Karpfen gießen. Karpfen zum Gemüse in den Topf geben und bei schwacher Hitze in 20–25 Minuten garen.

Für die Soße Schalotte abziehen und fein würfeln. Butter in einem Topf zerlassen und die Schalotte darin anschwitzen. Mehl einrühren. Mit Weißwein, Sahne und etwas Karpfen-Kochsud ablöschen und 10 Minuten köcheln lassen.

Meerrettich schälen und fein reiben. Soße durch ein Sieb in einen anderen Topf gießen, Meerrettich hinzufügen. Bei geringer Hitze warm halten. Mit Salz, Pfeffer und Zitronensaft abschmecken.

Das „Einsammeln" der Karpfen im Herbst: Ulrike Mau fand großen Spaß daran.

Das Abfischen der Karpfen

Im späten Herbst war der Karpfenteich dran! Der Teich lag am Hof und wir Kinder spielten dort oft und gern. Der Teich gehörte uns, im Sommer schwammen wir darin und im Winter war er unsere Schlittschuhfläche! Der Teich wurde Ende Oktober oder in den ersten Tagen des Novembers abgelassen. Dann sind wir in hohen Stiefeln und mit einem kleinen Boot an die Arbeit gegangen. Es hat allen Spaß gemacht und wir haben noch Freunde dazu eingeladen! Mit einem großen Netz und einem Kescher waren wir bewaffnet und haben den ganzen Vormittag damit verbracht, die Karpfen einzusammeln.

Am Abfluss waren ein bis zwei Personen abgestellt, damit uns dort keiner entwischen konnte. Die Karpfen waren sehr glitschig und so sahen wir danach auch aus. Sie kamen in ein großes Wasserbecken, wo früher die Milch hinein gemolken wurde. Dort schwammen sie bis zum Verkauf. Wir aßen zu Weihnachten immer Karpfen blau. Dies war lange Tradition und jeder mochte es. Später gab es dann noch Forelle dazu.

Der Karpfen muss in viel Wasser gekocht werden. Es soll so viel Salz drin sein, dass man glaubt, alles sei versalzen. Wir haben den Karpfen zuvor in Stücke geteilt. Suppengemüse dazu, Zwiebel und das Wasser kochen lassen, dann den Essig hinzugeben (2 EL), nun den Karpfen dazu. Vorsichtig köcheln lassen und eine Garprobe an der Rückenflosse durchführen (wenn sie sich löst, ist er gar). Meine Mutter hat auch den Topfboden angefasst, denn wenn man ihn berühren konnte, so sagte sie, sei der Fisch gar. Wir hatten Meerrettich im Garten, der wurde frisch gerieben und unter die geschlagene Sahne gerührt. Noch Kartoffeln und flüssige Butter dazu. Fertig.

Ulrike Mau

Einfache Brotsuppe

Zutaten

(für 4 Personen)

500 g altbackenes Schwarz- und Mischbrot
750 ml Wasser
200 g Rosinen
80 g Zucker
750 ml Milch

Zubereitung

Das Brot klein schneiden und anschließend zerbröseln. Mit dem Wasser in einen Topf geben und zum Kochen bringen. Rosinen und Zucker einrühren und das Ganze 10 Minuten köcheln lassen.

Die Milch in einen Topf geben und zum Kochen bringen. Dann langsam unter die Brot-Wasser-Mischung rühren.

Damit konnte man mich jagen ...

Als ich im Frühjahr 1946 in Kiel geboren wurde, lag die Stadt noch in Schutt und Asche. Ein trostloser Anblick, wie meine Eltern später erzählten. Es gab nicht genug zu essen, sodass viele Menschen weiter wie im Krieg Hunger litten. Die Behausungen waren zum Teil mehr als erbärmlich. Wohnwagen, Schiffe, Bunker, Ställe und Schuppen, Gebäudereste oder Lauben: Jedes Dach über dem Kopf wurde genutzt, auch wenn viele Quartiere wenig Schutz vor Feuchtigkeit, Kälte im Winter oder Hitze im Sommer boten. Meine Eltern zogen mit uns zwölf Kindern bald in eine Baracke nach Ottendorf. Drei kleine Zimmer hatten wir. Aber wir hatten ein Dach über dem Kopf und dazu ein Stück Land, auf dem wir Gemüse anbauen und Schweine, Hühner und Gänse halten konnten. Wir waren Selbstversorger wie damals viele.

Um uns alle satt zu kriegen, brachte meine Mutter regelmäßig Brotsuppe auf den Tisch, eine süße Suppe aus alten, harten Brotresten – gespickt mit Rosinen. Damals ein typisches Arme-Leute-Essen. Doch auch wenn mir der Magen knurrte, ich kriegte diese Suppe einfach nicht runter. Ich rührte jedes Mal darin herum und musste mich überwinden, einen Löffel von diesem dunklen Zeugs in den Mund zu stecken. Die ganze Zeit träumte ich von einem leckeren Braten. So unterschiedlich sind die Geschmäcker eben.

Hier das Rezept. Ich bin mir nicht mehr sicher, ob Milch in die Suppe kam. Wahrscheinlich war es doch nur Wasser.

Waltraud Rehder

In der Schule war Waltraud Rehder nicht so aufmüpfig wie am Küchentisch.

Großer Hans

Zutaten

(für 6 Personen)

500 g altbackenes Weißbrot oder Brötchen
500–750 ml Milch
4 Eier
150 g Zucker
1 Prise Salz
abgeriebene Schale von ½ Zitrone
50 g gemahlene Mandeln
125 g Grieß
100 g Rosinen
1 Pck Backpulver
evtl. einige EL Mehl

Zubereitung

Brot oder Brötchen in Milch einweichen. Eier trennen und das Eiweiß so steif schlagen, dass ein Messerschnitt sichtbar bleibt.

Eigelb mit Zucker, Salz und Zitronenschale verrühren. Mandeln, Grieß und Weißbrot oder Brötchen hinzufügen (nicht ausdrücken!) und gut vermengen. Zum Schluss das steif geschlagene Eiweiß und die Rosinen unterheben.

Eine Zapfenform mit Grieß ausstreuen und den Teig hineingeben. Den Großen Hans 2 Stunden im Wasserbad kochen. Auf eine Platte stürzen. Dazu Kompott und nach Belieben geräucherte, gekochte Schweinebacke reichen.

Mit dem ersten frischen Rhabarber begann in der Familie Strohbeen endlich wieder die Große-Hans-Saison!

Endlich – der Rhabarber ist da!

Früher war „Großer Hans" in Schleswig-Holstein ein traditionelles Ernteessen, das den fleißigen Arbeitern aufs Feld gebracht wurde. Auch wir Kinder liebten ihn und warteten immer ungeduldig darauf, dass im Mai endlich der Rhabarber aus der Erde kam. Denn wenn es wieder frischen Rhabarber für Kompott gab, begann die Zeit für den Großen Hans! Später im Sommer aßen wir dazu Stachelbeer-, Erdbeer- und Kirschkompott. Das Highlight aber war und ist bis heute Muttis Quer-durch-den-Garten-Kompott mit Erdbeeren, Kirschen, Himbeeren und schwarzen Johannisbeeren, evtl. auch schon mit den ersten klein geschnittenen Pflaumen. Und wenn es vorweg eine Gemüsesuppe gab, blieb etwas übrig. Das wurde dann abends in Scheiben geschnitten, in der Pfanne in Butter aufgebraten und wieder mit dem köstlichen Kompott gegessen – himmlisch!

Bei uns gibt es Großen Hans noch heute häufig. Anders als sein großer Bruder, der Meelbüdel, wird er nicht in einem Leinentuch gegart, sondern in einer Puddingform.

Karin Strohbeen-Hansen

Schusterkarbonade

Zutaten

1 kg magerer Schweinebauch
Salz
Pfeffer
2 Eier
Paniermehl
Butterschmalz zum Braten
(für 6 Personen)

Zubereitung

Den Schweinebauch entschwarten und das Fleisch in sehr dünne Scheiben schneiden (oder vom Fleischer zuschneiden lassen). Die Fleischscheiben etwas flach klopfen und mit Salz und Pfeffer würzen.

Eier in einem tiefen Teller verquirlen, in einen zweiten Teller Paniermehl füllen. Die Fleischscheiben erst durch die Eiermasse ziehen, dann im Paniermehl wälzen. Panade fest andrücken.

Butterschmalz in einer Pfanne erhitzen und das Bauchfleisch von jeder Seiten kross braten (ca. 3–4 Minuten pro Seite).

Dazu schmecken sehr gut: Kartoffeln mit Petersiliensoße und gedünstete Möhren.

Abschied von einem Zögling

Der Hof meiner Eltern war ein Bauernhof, wie man sich ihn klischeehaft vorstellt. Wir hatten Kühe, Schweine, Pferde und Geflügel. Bei den vielfältig anfallenden Arbeiten mussten wir Kinder mithelfen. Unter anderem war es unsere Aufgabe, die Schweine zu füttern. Das ging immer sehr laut zu, denn sobald wir den Stall mit den Futtereimern, meist mit gekochten Kartoffeln aus dem Kartoffelsilo gefüllt, betraten, grunzten und quiekten die Schweine vor lauter Freude.

Wir kannten jedes Schwein und hatten besondere Sympathien. Wenn dann im Herbst Schlachtzeit war, kam der Hausschlachter auf den Hof. Das bedeutete für uns, dass einer unserer Zöglinge sterben musste. Das Schlachten selbst erfolgte in unserer Abwesenheit, denn wir mussten ja zur Schule. Kamen wir mittags heim, hing das zerlegte Schwein zum Auskühlen an einer Leiter an der Hauswand. Unser erster Gang führte uns in den Stall, um herauszufinden, welches Schwein fehlte. Bangen Herzens hofften wir, dass uns ein weniger sympathisches Tier aus dem Bestand genommen worden war. Wenn sich unser Wunsch erfüllt hatte, konnten wir uns auf den Nachmittag freuen.

In der Küche herrschte Hochbetrieb. Unter Anleitung meiner Mutter wurden Mettwürste, Leberwürste und Bratwurst hergestellt. Die Schinken wurden eingesalzen und das Blut zu Schwarzsauer und Blutwurst verarbeitet. Abends waren alle erschöpft. Mein Vater bekam Schwarzbrot mit gebratenem Hirn und gerösteten Zwiebeln und wir anderen leckere Schusterkarbonade.

Silke Danker

Nach der vielen Arbeit, die mit dem Schlachten anfiel, freuten wir uns auf Schusterkarbonade.

Kuchenreste-Auflauf

Zutaten

(für 4–6 Personen)

80 g Butter
70 g Zucker
geriebene Schale von 1 Zitrone
½ TL gemahlener Kardamom
½ TL gemahlene Nelken
½ TL gemahlener Zimt
2–3 Eier
500 g Kuchenreste
500 ml Milch
50–100 g Rosinen oder Korinthen
Zimtzucker
Butterflöckchen

Zubereitung

Butter in einer Rührschüssel geschmeidig rühren. Zucker zugeben und unterrühren. Zitronenschale und Gewürze hinzufügen. Eier nacheinander unterrühren. So lange rühren, bis eine gebundene Masse entstanden ist.

Kuchenreste (werden als Mehlersatz verwendet) zerbröseln und abwechselnd mit der Milch unter den Teig arbeiten. Zuletzt Rosinen oder Korinthen unterziehen.

Den Teig in eine gefettete Auflaufform füllen, dünn mit Zimtzucker bestreuen und mit Butterflöckchen belegen. Im vorgeheizten Backofen bei 180 °C ca. 45 Minuten backen.

Alternativ den Teig als Pudding in eine gefettete und mit Semmelbröseln ausgestreute Puddingform füllen und ca. 90 Minuten im Wasserbad garen.

Silke Danker mit einer ihrer Schwestern im sommerlichen Garten.

Wohin mit dem „verunglückten" Kuchen?

Kuchen zu backen, war in meiner Kindheit nicht so leicht. Vor allem wenn die jungen Mädchen gerade aus der Schule kamen und noch wenig Erfahrung besaßen, misslang so mancher Kuchen. Die Teige mussten per Hand gerührt werden und die Backöfen wurden noch mit Holz befeuert. Mal wurden sie zu heiß, mal nicht heiß genug. Selbst unser erster Elektroherd unterlag damals erheblichen Temperaturschwankungen.

So mancher Kuchen ging mir daneben. Mal war er klitschig, mal zu hart. Doch weggeworfen wurden diese „Unglücksfälle" nicht. Aus misslungenen oder alten, trockenen Kuchen sowie Gebäck wurde bei uns der Kuchenreste-Auflauf zubereitet. Dazu gab es entweder Vanillesoße, Saftsoße oder Kompott nach Jahreszeit. Meine Mutter aß zu diesem süßen Auflauf gern das leicht herbe Stachelbeerkompott.

Silke Danker

Milchsuppe mit Rosinen

Zutaten

(für 6 Personen)

1,5 l Milch
75 g Weichweizengrieß
1 gute Handvoll Rosinen
Zucker nach Geschmack

Zubereitung

Die Milch in einen großen Topf geben und zum Kochen bringen. Den Grieß einrühren und einmal kurz aufkochen lassen. Rosinen zugeben und das Ganze 5 Minuten sanft köcheln lassen.

Den Topf vom Herd ziehen, nach Geschmack süßen und die Suppe noch einige Minuten quellen lassen.

Allein der Anblick von Milchkannen bringt die Erinnerung an die Milchsuppe zurück. Heute weiß R. Baasch, dass ihr wohl eher vom Lebertran übel geworden war …

Nie wieder dicke Rosinen!

Noch heute wird ihr übel, wenn sie an die süße Milchsuppe mit dicken Rosinen denkt. Roswitha war 1946 gerade vier Jahre alt. Hunger hatten sie und ihre ältere Schwester eigentlich immer. Während ihre Schwester im Rahmen der Schulspeisung zusätzliche Kalorien bekam, ging Roswitha zur Schwedenspeisung, die in der Britischen Zone für Kinder zwischen drei und sechs Jahren organisiert wurde.

Das erste Mal wird sie nie vergessen. Bei Wind und Wetter marschierte sie, mit Löffel und Henkelmann ausgestattet, durch die Stadt allein zur Baracke. „Vor der Suppe gab es einen Löffel Lebertran", erzählt sie. „Der war wirklich eklig." Die Suppe, die folgte, war für sie noch schlimmer. Milchsuppe mit dicken, aufgequollenen Rosinen drin. „Die Kinder um mich herum löffelten zufrieden vor sich hin und kauten auf den süßen Rosinen herum." Sie aber bekam nichts davon in den Magen. „Dann kam eine der Frauen, die das Essen austeilten, auf mich zu und flößte mir Löffel für Löffel ein. Mit jedem Löffel wurde mir schlechter." Irgendwann war's geschafft. Die Helferin so zufrieden, dass sie gleich noch den Henkelmann auffüllte. „Die nimmst du für später mit!" Die Rosinen lagen wie Klötze im Magen, als Roswitha sich auf den Heimweg machte. „Ich habe es gar nicht bis nach Hause geschafft. Schon unterwegs kam die Milchsuppe in hohem Bogen wieder heraus." Die mitgebrachte Suppe überließ sie bereitwillig der Oma. Und zur Schwedenspeisung ging sie nie wieder.

Roswitha Baasch

Gebratene Leber mit Apfelringen

Zutaten

(für 4 Personen)

1–3 Scheiben Leber pro Person (je nach Größe)
Salz
Mehl
500 g Zwiebeln
4–8 Äpfel
1 kg Kartoffeln
ca. 250 ml Milch
Butter zum Braten
Muskat

Zubereitung

Leber putzen, ggf. von Sehnen befreien, salzen und in Mehl wenden. Zwiebeln schälen, halbieren und in dünne Ringe schneiden. Äpfel schälen, das Kerngehäuse mit einem Apfelausstecher entfernen und die Äpfel in Ringe schneiden. Kartoffeln schälen.

Kartoffeln in Salzwasser garen und abgießen (Garwasser aufbewahren). Milch zu den Kartoffeln gießen und diese mit einem Kartoffelstampfer zerdrücken. Ist das Püree zu dick, etwas von dem Garwasser unterrühren. Mit Salz und Muskat abschmecken.

Butter in einer Pfanne erhitzen und die Zwiebeln darin bräunen. Zwiebeln herausnehmen und warm halten. Pfanne säubern, Butter darin zerlassen und die Äpfel darin braten. In einer zweiten Pfanne Butter erhitzen und die Leber darin portionsweise braten.

Die Leber mit Kartoffelpüree, Zwiebeln und Apfelringen anrichten.

Noch heute kommt die Leber auf „Berliner Art" bei der Familie Mau auf den Tisch. Geschlachtet wird allerdings nicht mehr selbst.

War das spannend!

In meiner Jugend (geb. 1968) hat man bei uns auf dem Gut in der Gemeinde Grebin noch Hausschlachtungen durchgeführt. Im Gegensatz zu vielen anderen meines Alters habe ich mich fast immer darauf gefreut!

Wenn der Schlachter auf den Hof kam, war das Wasser für die Schweine schon heiß. Ein Schwein nach dem anderen holten die Männer (drei insgesamt), später hingen sie draußen an der Leiter und anschließend wurden sie zerlegt! Ich erinnere mich noch gut daran. Es waren am Schlachttag mindestens vier Männer und drei Frauen zum Helfen auf dem Gut. Das Zerlegen ging dem Schlachter schnell von der Hand. Dann wurde das Fleisch portionsweise in Gefrierbeutel gepackt und eingefroren. Aufgabe meines Vaters war es, die Schinken zum Salzen im Fass vorzubereiten. Danach ging es in der Küche mit dem Wursten weiter. Alles wurde für die Zubereitung von Leberwurst, Sülze, Blutwurst und Mettwurst vorbereitet. Das Fleisch wurde gekocht und durch den Wolf gedreht. Meine Mutter „dirigierte" das Ganze.

Wir hatten einen alten Holzofen und darauf wurde die Leberwurst gekocht. Ich durfte die ganze Zeit rühren und die Wurst in die Dosen füllen, die anschließend im Wecktopf gekocht wurde. Für Sülze und Mettwurst waren mehrere Arbeitsgänge erforderlich. Alles war an einem Tag gar nicht zu schaffen.

Die Arbeit war wirklich anstrengend und heute macht das kaum noch einer. Außerdem darf man Hausschlachtungen wie früher nicht mehr durchführen, wenn man nicht das entsprechende Kühlhaus oder einen Schlachtraum hat. Seit 1986 lebe ich mit meiner Familie im Dänischen Wohld. Anfangs haben wir auch noch Hausschlachtungen durchgeführt und die Kinder durften, wenn sie wollten, dabei sein. Ich finde es wichtig, dass Kinder mitbekommen, woher das Fleisch stammt, nämlich nicht aus dem Supermarkt.

Früher hat man alles vom Tier verwertet und auch Gehirn und Nieren gebraten. Meine Tante hat ihrem Enkel sogar mal die Schwarzsauersuppe als Schokosuppe verkauft und er hat sie brav gegessen. Das Schönste am Schlachttag war das gute Essen hinterher. Bei uns gab es immer Leber mit Kartoffelbrei, gebratenen Zwiebeln und Apfelringen. Früher mochte ich das nicht so gern, aber heute ja, auch meine drei Kinder. Sie freuen sich immer, wenn es auf dem Tisch steht.

Ulrike Mau

Milchreis mit Zimt und Zucker

Zutaten

(für 4 Personen)

1 l Milch
1 Prise Salz
20 g Zucker
abgeriebene Zitronenschale
175 g Milchreis (Rundkornreis)
Zimtzucker zum Bestreuen

Zubereitung

Milch mit Salz, Zucker und Zitronenschale in einen großen Topf mit dickem Boden geben und zum Kochen bringen. Den Milchreis einrühren und zugedeckt bei schwacher Hitze in ca. 35–40 Minuten ausquellen lassen.

Mit reichlich Zimtzucker bestreut servieren.

Des einen Leid, des anderen Freud

Heute lockt man sicher kein Kind mehr mit Milchreis mit Zimt und Zucker hinterm Ofen hervor. In den 60er-Jahren war der dicke, süße Reis jedoch sehr beliebt. Mein kleiner Bruder und ich waren ganz versessen darauf und freuten uns jedes Mal, wenn unsere Mutter den sämigen, süßen Reis kochte. Darüber streute sie dick Zimt und Zucker.

Erst einige Jahre später realisierten wir, dass es diese süße Schlemmerei stets zum Monatsende gab. Wenn unsere Mutter am Küchentisch saß und die letzten Groschen zählte, wussten wir, dass es mittags Milchreis geben würde. Als wir etwas älter waren, ging unsere Mutter arbeiten. Groschen zählte sie nicht mehr. Also gab es auch keinen Milchreis. Schade eigentlich. Aber sie verband mit diesem Essen natürlich etwas ganz anderes als mein Bruder und ich. Er kocht sich Milchreis noch heute, wenn er Kummer hat.

Gesche Matthiesen

Da kommen die Kindheitstage wieder zurück. Ein Wohlfühlessen für die Seele.

Klütjes

Zutaten

(für 3-4 Bleche)

250 g Butter
250 ml Milch
400 g Zucker
2 Tüten ganzer Anis (10 g)
2 Tüten gemahlener Anis (15 g)
2 Tüten Pfefferkuchengewürz (40 g)
1 Pck Citroback
1 TL Backpulver
900-1000 g Mehl
½ Pck Pottasche
1 gestr. TL Hirschhornsalz

Zubereitung

Butter und Milch in einen Topf geben und erwärmen, bis die Butter geschmolzen ist (geht auch in der Mikrowelle). Zucker und alle Gewürze in einer Schüssel mischen. Die Butter-Milch in eine große Rührschüssel geben und den Zucker mit den Gewürzen nach und nach unterarbeiten.

Backpulver und Mehl mischen. Pottasche und Hirschhornsalz getrennt in etwas lauwarmem Wasser anrühren. Pottasche und Hirschhornsalz unter den Teig rühren und anschließend portionsweise das Mehl unterkneten.

Den Teig aus der Schüssel nehmen und Rollen (ca. 1,5 cm dick) daraus formen. Die Rollen auf ein mit Folie ausgelegtes größeres Brett legen und einfrieren.

Portionsweise herausnehmen, in Scheiben schneiden und auf gefettete oder mit Backpapier belegte Backbleche legen. Im vorgeheizten Backofen bei Umluft 175 °C ca. 15-20 Minuten backen. Abkühlen lassen und in Dosen aufbewahren.

Schmeckt besser als es aussieht!

In den Ferien war ich stets bei den Großeltern in Ockholm zu Besuch. Ich war die Älteste (Jahrgang 1945) von vier Geschwistern und die ersten Jahre ganz allein dort. Meine Oma war ein gläubiger Mensch. Vor dem Schlafen musste gebetet werden und am Sonntag musste ich zum Kindergottesdienst. Damals fand ich es nicht so spannend, doch heute muss ich sagen, meine Oma hat mir wichtige Werte vermittelt. Ich praktiziere es heute mit meinen Enkelkindern mit dem Beten genauso und hoffe, dass sie es später auch wertschätzen.

Sparsam waren meine Großeltern, morgens gab es oft trockenes Brot, egal ob Schwarz- oder Weißbrot, gestückelt. Das wurde mit heißer Milch übergossen. Damals hat es mir geschmeckt! Noch besser geschmeckt allerdings haben mir die Klütjes, die in der Adventszeit gebacken wurden. Wenn der Duft dieses Backwerks durch das Haus zog, wusste man, Weihnachten ist nicht mehr weit. Dieses Rezept gibt es schon über Generationen in unserer Familie, es sieht aus wie Hundefutter aus der Tüte, schmeckt aber sehr gut.

Annegret Appelles

Wenn die erste Kerze am Adventskranz brannte, schob meine Oma ein Blech Klütjes nach dem anderen in den Ofen.

Omeletts mit Heidelbeerkonfitüre

Zutaten

(für 2 Personen)

100 g Weizenmehl
1 EL Zucker
2 Eier
250 ml Milch
Butter oder Margarine zum Braten
Heidelbeerkonfitüre

Zubereitung

Mehl und Zucker in einer Schüssel mischen. Erst die Eier, dann die Milch unterrühren, bis ein glatter Teig entsteht.

Jeweils etwas Butter oder Margarine in einer Pfanne erhitzen, eine dünne Teiglage hineingeben und von beiden Seiten goldgelb backen.

Mit Heidelbeerkonfitüre bestreichen und zusammenlegen.

Pfannkuchen mit Heidelbeerkonfitüre – für Uwe Harps gab es nichts Leckereres!

Die „Brummkreisellollies" waren schuld

Die mit Heidelbeerkonfitüre bestrichenen „Omeletts" meiner Mutter vermisse ich noch heute. Schon als kleiner Junge konnte ich nicht genug davon kriegen. Dafür war ich auch bereit, einiges zu tun.

Ich erinnere mich noch sehr gut an einen Tag, an dem meine Mutter mal wieder Teig für mein Lieblingsgericht anrühren wollte. Es fehlte uns aber die Milch. Kurzerhand schickte sie mich mit einer Milchkanne zu unserem Kaufmann. Dort konnte man die Milch noch selbst aus einem Vorratsbehälter abzapfen. Ich mit meinen sechs Jahren war aber von den „Brummkreisellollies", die in einem großen Glas lagen, so fasziniert, dass ich beim Zapfen nicht bemerkte, dass meine Mutter mir die kleinere unserer beiden Kannen mitgegeben hatte. Da war das Malheur schon passiert. Die Milch lief bereits über und schwappte auf den Fußboden. Unser Kaufmann war sofort mit einem Feudel zur Stelle und der Milchfleck verschwand so schnell wie er gekommen war.

Um mich über mein Missgeschick hinweg zu trösten, schenkte er mir zum Abschied einen der heiß begehrten „Brummkreisellollies". Zu Hause erhielt ich trotzdem meine heiß geliebten „Omeletts".

Uwe Harps

Heidesand

Zutaten

(für 2 Bleche)

250 g Butter
200 g Zucker
Mark von 1 Vanilleschote
550 g Weizenmehl
1 Pck Hirschhornsalz (15 g)

Zubereitung

Butter und Zucker in eine große Rührschüssel geben und verrühren. Das Vanillemark unterrühren.

Mehl und Hirschhornsalz mischen und nach und nach unter die Butter-Zucker-Masse kneten, bis ein krümeliger Teig entsteht, der an Streusel erinnert.

Den Backofen auf Ober-/Unterhitze 180 °C vorheizen und 1–2 Backbleche mit Backpapier oder Backfolie belegen. Kleine Streuselhäufchen auf das Backblech setzen und im vorgeheizten Backofen 8–10 Minuten backen. Dann die Backofentemperatur auf 150 °C reduzieren und die Heidesand-Kekse weiterbacken (ca. 7 Minuten), bis sie schön knusprig sind.

Bei Oma Heidesand

Es war immer richtig schön bei Oma und Opa in Burg auf Fehmarn. Im Laden gegenüber gab es damals noch Dauerlutscher für zwei Pfennig, die man einzeln kaufen konnte und die in kleine Papiertüten kamen. Für uns Kinder gab es kaum etwas Schöneres, als dort ein paar Tage zu verbringen. Oma konnte nicht nur gut kochen, sondern auch herrlich backen. Sie hat mich und meine Schwestern verwöhnt. Wenn wir dort waren, stand auf dem Küchenschrank stets eine gefüllte Dose mit knusprigen Heidesand-Keksen. Wir nannten sie deshalb auch Oma Heidesand. Weil sie etwas Besonderes war – wie ihre Heidesand-Kekse. Die Kekse kommen heute noch genauso gut an und erinnern mich an meine unbeschwerte Kindheit.

Doris Weiland

Doris Weiland backt sie noch heute gern – die Kekse von Oma „Heidesand"!

Sauerbraten

Zutaten

(für 6 Personen)

1 l Wasser
250 ml Essig
4 TL Salz
1-2 EL Zucker
1 Nelke
2 Lorbeerblätter
1 Zwiebel
1½ kg Schweinenacken
60 g Butter
100 g Zucker
2-3 EL Mehl

Zubereitung

Wasser, Essig, Salz, Zucker und die Gewürze in einen großen Topf geben. Zwiebel pellen und hinzufügen. Das Ganze zum Kochen bringen, dann den Nackenbraten in den Sud geben (das Fleisch muss mit dem Sud bedeckt sein) und 1,5 Stunden garen. Anschließend das Fleisch herausnehmen und in eine Schüssel legen. Die durchgesiebte Brühe über das Fleisch gießen und mindestens 3 Tage im Kühlschrank ziehen lassen.

Das Fleisch mit dem Sud kurz erwärmen. Das Fleisch herausnehmen und abtrocknen. Butter in einer Pfanne zerlassen, Zucker hinzugeben und den Sauerbraten darin von allen Seiten schön anbraten. Dabei karamellisiert der Zucker. (Vorsicht, er darf nicht verbrennen!) Den gebräunten Braten herausnehmen und warm stellen.

Für die Soße mindestens 500 ml saure Brühe zum Bratsud geben, mit etwas angerührtem Mehl andicken und mit Zucker und Essig abschmecken.

Das Fleisch aufschneiden, auf eine Platte legen und mit der Soße servieren. Dazu gibt es Kartoffeln, Wirsingkohl und/oder Rosenkohl.

Tipp: In Sud Schweinerippen oder Koteletts garen, ebenfalls 3 Tage stehen lassen und das Fleisch kalt zu Bratkartoffeln reichen.

Wärmt von innen …

Der Sauerbraten ist ein typisches Winteressen auf der Insel Fehmarn. Im Spätherbst wurden in vielen Familien Schweine geschlachtet und einige Braten sauer eingelegt, um sie haltbar zu machen. Auch in meiner Familie, in der dieses Gericht sehr beliebt war und immer noch ist.

Schon als Kind mochte ich die süßsaure, braune Soße mit Kartoffeln – beides wurde mit der Gabel gemust – sehr gerne und freute mich, wenn es auf den Tisch kam. Heute serviere ich den Sauerbraten meinen Gästen, denn er ist sehr lecker, lässt sich gut vorbereiten und ist ein ganz besonderes Rezept!

Antje Jandrey

Idylle pur: Antje Jandrey als kleines Mädchen mit Katze inmitten der Junghennen.

Schaumpudding mit Zucker-Ei

Zutaten

(für 2 Personen)

1 frisches Eiweiß
75 g Zucker
75 ml schwarzer Johannisbeersaft
1 Eigelb
2 EL Zucker

Zubereitung

Eiweiß in einen hohen Rührbecher geben und mit dem elektrischen Handrührgerät (Rührbesen) leicht aufschlagen. Nach und nach den Zucker einrieseln lasen. Dabei die ganze Zeit weiterrühren.

Den Saft zugießen und das Ganze so lange aufschlagen, bis eine feste Masse entstanden ist. Die Masse sollte so steif sein, dass ein Messerschnitt sichtbar bleibt.

Für das Zucker-Ei das Eigelb verschlagen und Zucker unterrühren. Alternativ ein ganzes Ei mit Zucker aufschlagen, bis eine schaumige, blass-gelbe Masse entsteht.

Den Schaumpudding in Dessertgläser füllen und mit Zucker-Ei beträufelt sofort servieren.

Für die Zubereitung des Schaumpuddings war mein Vater zuständig. In der Woche „baute" er Holzschuhe.

Immer wieder sonntags …

Ich bin kein „Süßmäulchen". War ich nie, auch als kleines Kind nicht. Mein bunter Teller vom Weihnachtsfest war erst kurz vor Ostern leer, und das nur, weil mein Vater zum Schluss tatkräftig mithalf, die Reste zu vertilgen. Schließlich gab es ja bald gefüllte Osternester. Bei einer Sache jedoch wurde ich schwach: bei Schaumpudding mit Zucker-Ei. Ich glaube, der Nachtisch war für mich gar nicht mal so wichtig. Ich mochte es einfach, dass mein Vater mit mir zusammen Zeit verbrachte, und das ging so.

Eine Zeit lang gab es den Schaumpudding jeden Sonntag. Zuerst gingen wir rüber zu meiner Oma. Dafür brauchten wir nur über die Straße. Preetz war in den 60er-Jahren ein kleines, beschauliches Dorf und alle Wege fußläufig erreichbar. Meine Oma hatte am Morgen die frischen Eier aus dem Hühnerstall geholt – und wir bekamen natürlich welche ab. Die wichtigste Zutat hatten wir also schon mal. Dann ging es in den Keller, um Saft zu holen. Saft aus eigenen Gartenfrüchten, versteht sich. Ganz besonders liebte ich Sauerkirschsaft und schwarzen Johannisbeersaft. Von Letzterem hatten wir mehr, und so trug mein Vater dann meist eine Flasche davon in unsere Wohnung.

Kurz vor dem Essen schritt er zur Tat. Und ich stand glücklich daneben, sah zu, wie aus Eiweiß, Saft und Zucker eine flockige, schaumige, violette Masse und aus Eigelb und Zucker ein süßes, gelbes Etwas wurde. Nach dem Essen saß meine Mutter inmitten von zwei „Kindern", die das Ganze löffelweise verputzten und zufrieden waren.

Annerose Sieck

Apfelmuskuchen

Zutaten

(für 1 Blech)

250 g Butter oder Margarine
3 Eier
200 g Zucker
400 g Mehl
1 Pck Backpulver

Für den Belag
500 g Apfelmus
Streusel:
200 g Butter oder Margarine
200 g Zucker
200 g Mehl

Zubereitung

Butter oder Margarine, Eier und Zucker in eine Rührschüssel geben und gut verrühren. Mehl und Backpulver in eine zweite Schüssel sieben und mischen. Die Mehlmischung nach und nach unter den Teig arbeiten, bis dieser eine geschmeidige Konsistenz hat. Ein Backblech fetten und den Teig glatt darauf verstreichen.

Für den Belag das Apfelmus auf dem Teig verstreichen.

Butter oder Margarine, Zucker und Mehl in eine Rührschüssel geben und zu Streuseln verarbeiten. Die Streusel auf das Apfelmus geben. Den Kuchen im vorgeheizten Backofen bei 180 °C 40–50 Minuten backen.

Selbst gemachtes Apfelmus – unverzichtbar für einen schnellen und guten Apfelmuskuchen!

Die ersten Äpfel

Endlich Sommerferien. Als meine Schwester und ich noch klein waren, flogen wir nicht in die große weite Welt, sondern fuhren zu unseren Großeltern ins Ostholsteinische. Wir freuten uns jedes Mal sehr, die Stadt hinter uns lassen zu können. Unsere Großeltern wohnten damals ländlich, sie besaßen einen riesigen Obst- und Gemüsegarten, in dem wir nach Herzenslust herumtollen konnten.

Ich liebte es, mit der Katze in der Hängematte zu liegen, Fahrrad zu fahren oder im Badesee zu schwimmen, während meine ältere Schwester – auch heute noch die „bessere Hausfrau" – es vorzog, mit Oma im Garten zu werkeln, Gemüse und Obst zu ernten und einzumachen. An die ersten Augustäpfel erinnere ich mich noch sehr gut. Sie schmeckten so herrlich säuerlich, ließen sich aber nicht lange lagern. Deshalb bereitete Oma daraus Apfelmus zu. Wir mussten mithelfen, Äpfel schälen, entkernen und klein schneiden. Hinterher wurden wir mit Kakao und einem leckeren Apfelmuskuchen belohnt. Ich backe ihn noch heute, wenn meine Schwester mir Apfelmus (natürlich selbst zubereitet) vorbeibringt.

Susanne Matzen

Hühnerfrikassee

Zutaten

(für 4 Personen)

1 küchenfertiges Suppenhuhn oder 1 Poularde
1 Bund Suppengrün
30 g Butter
30–40 g Weizenmehl
ca. 500 ml Hühnerbrühe
200 g gegarte Spargelstücke
150 g frische oder TK-grüne Erbsen
150 g gegarte Wurzelstücke
4 EL Weißwein
1 EL Zitronensaft
1 TL Zucker
1 Eigelb
2 EL Sahne
Salz
Pfeffer

Zubereitung

Suppenhuhn oder Poularde in Salzwasser zum Kochen bringen. Suppengrün putzen, waschen, schälen, in Stücke schneiden und zu Huhn oder Poularde geben. Das Geflügel in ca. 60 Minuten gar köcheln lassen, aus der Brühe nehmen und die Brühe durch ein Sieb abgießen. 500 ml Brühe abmessen. Das Fleisch von den Knochen lösen und in mundgerechte Stücke schneiden.

Für die Soße aus Butter und Mehl eine Mehlschwitze zubereiten, nach und nach unter Rühren die Hühnerbrühe zugießen. Die Soße ca. 5 Minuten köcheln lassen. Spargel, Erbsen, Möhren und Fleisch in die Soße geben und kurz aufkochen lassen.

Weißwein, Zitronensaft und Zucker unterrühren. Eigelb mit Sahne verschlagen und das Frikassee damit abziehen. Nicht mehr kochen lassen. Mit Salz und Pfeffer abschmecken.

Einfach, aber gut

Mein Großvater und mein Vater starben relativ jung, und so musste meine Mutter sich den ganzen Tag ums Geschäft kümmern, um uns drei Kinder, meine Großmutter, eine Tante und eine Cousine zu ernähren. Wir wohnten alle zusammen in einem Haus in Albersdorf.

Viel Zeit blieb meiner Mutter nicht zum Kochen. Und trotzdem hat sie es immer geschafft, selbst Gekochtes auf den Tisch zu bringen. Wenn irgendein Geburtstag oder ein feierlicher Anlass bevorstand, hat sie meist Hühnerfrikassee gekocht, weil sie es bereits am Tag zuvor vorbereiten konnte. Am nächsten Tag wurde es in aufgewärmten Blätterteigpasteten serviert. Nicht nur ich (Jahrgang 1960), auch meine Geschwister und natürlich die Gäste haben dieses einfache Essen geliebt und gern gegessen. Noch heute bereite ich gern ein Hühnerfrikassee zu. Blätterteigpasteten scheinen allerdings aus der Mode gekommen zu sein, denn kaum ein Bäcker hat sie noch vorrätig. Man muss sie extra vorbestellen.

Karin Ruge

Das A und O für ein gutes Frikassee ist ein frisches Suppenhuhn oder eine Poularde.

Schokoladensuppe mit Schneeklößchen

Zutaten

(für 4 Personen)

Für die Suppe
1 Pck Schokoladen-Puddingpulver
75 g Zucker
1 Prise Salz
1 l Milch
1 Eigelb

Für die Schneeklößchen
2 Eiweiß
2 TL Zucker

Zubereitung

Für die Suppe Puddingpulver mit Zucker und Salz mischen. Nach und nach mit 6–7 Esslöffel von der Milch glatt rühren. Eigelb unterrühren.

Restliche Milch in einen großen Topf geben und zum Kochen bringen. Sobald die Milch kocht, den Topf vom Herd nehmen und das angerührte Puddingpulver mit einem Schneebesen einrühren. Topf wieder auf den Herd stellen und unter Rühren einmal kurz aufkochen lassen.

Für die Schneeklößchen Eiweiß mit Zucker steif schlagen. Mithilfe von 2 Teelöffel kleine Klöße abstechen, auf die Suppe geben.

Echte Muskelarbeit

Meine jüngere Schwester und ich waren in unserer Kindheit ganz versessen auf Schokoladensuppe mit „Schneeklößchen" und waren jedes Mal begeistert, wenn meine Mutter unsere Lieblingsspeise kochte.

Mir als dem Älteren fiel bei der Zubereitung stets die mühsame Aufgabe zu, das Eiweiß mit einer Gabel in einem tiefen Teller steif zu schlagen. In den 60er-Jahren waren Küchenmaschinen noch nicht verbreitet, sondern Handarbeit gefragt. Das Klappern der Gabel erfüllte unsere kleine Küche. Das Eiweiß wurde nicht so schnell steif, und ich musste die Schlagzahl der Gabel erhöhen. Meine Schwester wartete schon sehnsüchtig. Bereits nach wenigen Minuten spürte ich, dass ich im rechten Oberarm Muskeln besaß. Wenn nach einigen weiteren Minuten der Eischnee endlich fest war, war ich erleichtert … und hungrig.

Rolf Bartig

Heutzutage sind Schneeklößchen schnell angerührt … so ganz ohne Muskelkraft!

Ullas Schwarzwälder Kirschtorte

Zutaten

- 1 heller Biskuit
- 1 Schoko-Biskuit
- 1 Mürbeteigboden
- 1 Glas Sauerkirschen (750 g)
- 2 kleine Flaschen Kirschwasser
- 75 g Zucker (evtl. mehr nach Geschmack)
- 40 g Speisestärke
- 1,25 l Konditorsahne, 35–38 %
- 4 Pck Sahnesteif
- 1 Pck Zartbitter-Schokoraspel oder Borkenschokolade

Zubereitung

Biskuitböden (mit Kartoffelmehl) und Mürbeteigboden (jeweils in einer Springform, 26 cm Durchmesser) backen und abkühlen lassen. Sauerkirschen abtropfen lassen, den Saft auffangen. Kirschen über Nacht in Kirschwasser einlegen, abtropfen lassen, das Kirschwasser auffangen. 16 Kirschen beiseitelegen. Vom Kirschsaft etwas Saft zum Färben der Sahne abnehmen. 250 ml Kirschsaft (evtl. mit Kirschwasser auffüllen) mit dem Zucker aufkochen und mit Speisestärke binden. Die Kirschen vorsichtig untermengen. Sahne mit Zucker und Sahnesteif steif schlagen. $1/4$ der Sahne mit Kirschsaft rosa einfärben.

Mürbeteigboden auf eine Tortenplatte setzen und die abgekühlten, angedickten Kirschen darauf verteilen. Etwas rote Sahne darauf verstreichen, den dunklen Biskuit auflegen und andrücken. $1/4$ der Sahne mit Schokoraspeln oder zerbröselter Borkenschokolade vermengen und bodendick aufstreichen. Den hellen Biskuit auflegen. So viel Sahne zurückbehalten, um daraus 16 Tupfen spritzen zu können. Mit der restlichen Sahne die Torte bestreichen, mit Schoko-Raspeln garnieren. Torte in 16 Stücke teilen und jeweils mit einem Sahnetupfen und einer Kirsche garnieren.

Eine Kunst für sich

Früher arbeiteten die jungen Mädchen bis zu ihrer Heirat oft in Haushalten. Viele kamen auf Bauernhöfen „in Stellung". Eines unserer Mädchen hieß Ulla. Sie hatte bereits drei Jahre in einem Hotel im Schwarzwald gearbeitet und brachte dieses Rezept mit. Torten gab es in meiner Kinderzeit nur zu besonderen Anlässen, also wenn Besuch kam. Dann herrschte nicht nur in der Küche Hochbetrieb, Hof, Garten und Haus wurden geputzt und hergerichtet. Wir waren vier Mädchen und halfen mit. Vielleicht brachte uns einer der Gäste eine Tafel Schokolade mit, die wir uns teilen konnten. Der Gedanke daran ließ uns so manche Anstrengung aushalten. Meist ging es bei der Arbeit recht ausgelassen zu. Überall wurde gesungen. Alle freuten sich auf das üppige Mittagessen und die Erwachsenen natürlich auf den richtigen Bohnenkaffee.

Die Biskuitböden für die Torte wurden schon am Tag zuvor gebacken, die eingeweckten Kirschen am Vorabend in Kirschwasser eingelegt. Am nächsten Tag wurde dann der Mürbeteigboden in den Ofen geschoben und die Kirschen angedickt. Dann ging es daran, die Torten zu füllen. Wir Kinder wurden mit einer 5-Liter-Kanne zur Meierei im Dorf geschickt, um die Sahne zu holen. Ihr Fettgehalt lag bei rund 40 Prozent. Dann musste die Sahne geschlagen werden – mit dem Handschneebesen. Das war eine Kunst für sich. Zuerst wurde die Sahne angeschlagen, dann ließ man den Zucker unter Schlagen einrieseln. Wichtig dabei war, immer in eine Richtung zu schlagen, denn sonst wurde die Sahne nicht steif, oder, wenn man zu lange schlug, zu Butter. Das Wetter spielte ebenfalls eine Rolle. Bei Gewitterluft wollte und wollte sie nicht steif werden. Das Schlagen der Sahne ging ganz schön in die Arme. Aber der gemeinsame Gesang lenkte uns ab. Alle Strophen der Vogelhochzeit gesungen, und die Sahne war steif und schmeckte unglaublich lecker.

Silke Danker

Auch für uns Kinder wurde festlich eingedeckt und es gab leckeren Kakao.

Kalter Hund

Zutaten

(Für 1 Kastenform)

150 g Zartbitterschokolade
450 g Vollmilchschokolade
150 g Kokosfett
200 g Sahne
1 Pck Vanillezucker
ca. 250 g Butterkekse

Zubereitung

Eine Kastenform mit Pergamentpapier auslegen. Die Schokolade grob zerkleinern und in einen Topf geben. Kokosfett klein schneiden und mit der Sahne hinzufügen. Das Ganze bei schwacher Hitze unter Rühren schmelzen lassen. Den Vanillezucker unterrühren.

Die Kastenform mit einer Schicht Butterkekse auslegen. So viel Schokoladencreme darauf verteilen, bis die Kekse vollständig bedeckt sind. Abwechselnd Schokolade und Kekse in die Form schichten. Die Kekstorte über Nacht in den Kühlschrank stellen.

Am nächsten Tag aus der Form nehmen und in Scheiben schneiden. Reste wieder kalt stellen.

Eine bis dahin unbekannte Köstlichkeit ...

Ein tolles Paket traf ein – von Vatis Bruder Onkel Hermann aus Amerika. Alle guckten beim Auspacken zu, schließlich hatten wir die Nachkriegszeit zu verkraften und das bei stark reduzierter Kalorienzahl auf „Marken". Eine große, runde Dose machte uns besonders neugierig, doch die Schrift konnten wir nicht entziffern. (Die englische Sprache war damals noch „igitt", da Sprache des ehemaligen „Feindes"). Der Inhalt erwies sich als weiße Masse und die Fingerprobe ergab: fast geschmacklos, aber etwas fettig. Doch Oma wusste Rat: „Das ist doch Kokosfett. Ist etwa auch Kakao dabei?" Ja, tatsächlich. Auch Kakao steckte im Paket. Irgendwo hatte sie noch ein paar Kekse versteckt. Die wurden nun mit Kokosfett und Kakao zum „Kalten Hund" gestaltet, eine echte bis dato unbekannte Köstlichkeit.

Jeder bekam eine dünne Scheibe, dann eine mehr und noch mehr und ... Jedenfalls war bald alles vertilgt und wir fingen an, draußen auf den Ruinenfeldern Fangen zu spielen. Der Heidenspaß blieb allerdings nicht ohne Folgen, denn unsere Mägen waren eine derartige Kost nicht gewohnt. Bald schon spielten die vielen Scheiben Kekskuchen in unseren Bäuchen Krieg. Selten war uns die Anzahl der Aborte im Haus so gering erschienen.

Nichtsdestotrotz ist der Kekskuchen noch heute beliebt, wird allerdings nicht mehr mit Kakao, sondern guter Schokolade zubereitet.

Elke Burghard

Die ersten Carepakete erreichten Deutschland im Jahre 1946. Die meisten davon wurden von US-Bürgern an Verwandte geschickt.

Spanischer Wind

Zutaten

(für 2 Bleche)

4 Eiweiß
1 Prise Salz
450 g Zucker
1 Pck Vanillezucker

Zubereitung

Eiweiß und Salz in eine saubere Rührschüssel geben und so steif schlagen, dass ein Messerschnitt sichtbar bleibt.

Zucker und Vanillezucker unterschlagen. Baisermasse in einen Spitzbeutel füllen und Tupfen auf ein mit Backpapier belegtes Backblech spritzen.

Den Spanischen Wind im vorgeheizten Backofen bei 50 °C in ca. 60 Minuten trocknen lassen, bis die Baisers eine leicht gelbliche Farbe haben.

So brav waren wir Geschwister (Erna Rieve unten 2. v. re.) nicht, wenn die ersten Weihnachtskekse gebacken waren.

Verführerische Keksdosen

Wir waren zu Hause in Kleinkühren eine ganze Rasselbande, trotzdem hat unsere Mutter es jeden Tag aufs Neue geschafft, uns satt zu bekommen. Die Älteren mussten auch schon mal beim Bauern helfen, z. B. beim Kartoffelsammeln. Dafür gab es dann immer gut zu essen. Doch anders als heute gab es Süßes nur zu ganz besonderen Gelegenheiten. Ein einfacher Kuchen kam allenfalls sonntags auf den Tisch und war in null Komma nichts aufgegessen.

Ich erinnere mich noch gut daran, dass unsere Mutter Wochen vor Weihnachten mit dem Backen anfing. Viele Bleche mit braunen Kuchen und Spanischem Wind wurden in den Ofen geschoben. Das Ganze war damals nach dem Krieg und auch noch in den 50er-Jahren eine mühsame Angelegenheit. Wie froh wird sie gewesen sein, wenn sie die Dosen endlich gefüllt hatte. Wir wohnten damals sehr beengt, und der einzige Platz, der ihr sicher schien, war der Schrank im Schlafzimmer. Dort reihte sich eine Dose neben die andere. Natürlich konnten wir nicht bis Weihnachten warten. So manches Mal sind wir auf die Betten gestiegen und haben es geschafft, einige Kekse zu stibitzen. Das ging in der Regel nicht ohne Teppichklopfer ab, mit dem sie hinter uns herlief … Trotzdem waren Weihnachten genug Kekse für alle da. Nach dem festlichen Braten mit Rotkohl und Kartoffeln durften wir endlich kräftig zulangen …

Erna Rieve

Rode Grütt

Zutaten

(für 4 Personen)

1 kg Johannisbeeren und Kirschen
Zucker
125 ml Rum
Speisestärke

Zubereitung

Rote und schwarze Johannisbeeren mit entsteinten Kirschen in einen Topf geben (ca. 1 kg). Dazu Zucker und 125 ml Rum. Circa 1 l Wasser zugeben. „Aber pass op, dat dörf nich to veel Woder sien, de Grütt schall ok nach wat schmecken!", mahnt meine Tante! Das Ganze wird kurz aufgekocht, dann etwas geköchelt und dann mit dem Stampfer ein bisschen gequetscht. Nun wird ein Teil von dem Saft abgegossen. Sobald dieser abgekühlt ist, kann man die Speisestärke einrühren. Meine Tante nimmt halb Speisestärke und halb Kartoffelstärke (zusammen ca. 50 g), denn „dann wird die Grütze blanker", sagt sie. Dieses Gemisch wird in den Topf mit den Früchten gegeben und die Masse unter Rühren wieder zum Kochen gebracht. Dann wird die Grütze vom Herd genommen und jetzt erst kommen Himbeeren dazu. „Die schmecken nämlich nicht mehr, wenn man sie kocht", sagt Tante Anna. Jetzt kann „de rode Grütt" in eine Glasschüssel gefüllt werden und zum Erkalten in den Keller gebracht werden.

Sommerferien bei Tante Anna und Onkel Günther. Sie waren so schön, dass Sabine Rathmann nach Schleswig-Holstein zog.

Sommertage in Schleswig-Holstein

Meine Eltern waren reich. Reich an Kindern. Wir wuchsen in einer Stadt in Nordrhein-Westfalen auf. Ich war ein besonders dünnes, blasses Mädchen mit großen Augen.

Das Wirtschaftswunder war noch nicht erfunden, Fantasie und Tatkraft nötig, die Kinderschar aufzuziehen. Die unangenehmste Erinnerung an diese Aufzucht ist, dass wir jeden Morgen einen Löffel Lebertran schlucken mussten. Die schönste Erinnerung: Sommertage in Schleswig-Holstein.

„De süht ut, as wüll se dod bleben", sagte Onkel Günther, als ich aus dem Auto stieg. Ich aber dachte gar nicht daran und entdeckte eine wundervolle Welt, die mich nachhaltig geprägt hat. Das Leben auf dem Lande.

Tante Anna und Onkel Günther waren Bauern in der Marsch. Das riesige Bauernhaus mit Reet gedeckt, der Garten ein Paradies. Stall, Dachboden und Scheune ein einziger Abenteuerspielplatz. Ein Wasserstrahl aus dem Gartenschlauch ersetzte uns den Swimmingpool. Erbsen pulen oder Hühner rupfen, Eier sortieren und vom Onkel rittlings auf den Eber gesetzt werden, da brauchten wir keine Erlebnispädagogen. Alles um uns herum war derart spannend, dass es höchstens mal zu Tränen kam, wenn man sich darüber ärgerte, nicht überall sein zu können. Unendliche Weiten boten die Felder und Wiesen des Hofes, Geborgenheit und Nähe die liebevollen Ferieneltern. Wir durften auf der Ackerschiene sitzen, wenn Onkel Günther mit dem Trecker zu den Kühen auf die Weide fuhr. Eine Schwarzbunte wurde „Kleiderständer" genannt und war so zahm, dass wir auf ihr reiten durften.

In den Ästen einer riesigen Rotbuche hing eine Schaukel. Das Gartenhaus war der schönste Platz, um Geschichten von der Tante erzählt zu bekommen und dabei die schwarzen und roten Johannisbeeren von den Rispen zu zupfen. Zum Mittag sollte es rote Grütze mit Milch geben.

Ja, es waren unvergesslich schöne Tage bei Tante Anna und Onkel Günther auf dem Bauernhof, habe ich wohl deswegen Landwirtschaft gelernt? Schleswig-Holstein ist meine Heimat geworden, ich lebe mit meinen Eseln und vielen anderen Tieren auf einem Bauernhof im Naturpark Hüttener Berge.

Sabine Rathmann

Wiensupp un Schink

Zutaten

(für 4 Personen)

250 g Graupen
2,5–3 l Wasser
Saft und abgeriebene Schale von 1 Zitrone
1 Zimtstange
½ TL gemahlener Kardamom
200 g Rosinen
100 g Korinthen
1 l lieblicher Weißwein
etwas Rum
4 Eigelb
ca. 200 g Zucker

Zubereitung

Die Graupen über Nacht in dem Wasser einweichen. Am nächsten Tag Graupen mit dem Einweichwasser in einen großen Topf geben. Zitronensaft, Schale, Kardamom und Zimtstange zugeben und zum Kochen bringen. Die Graupen gar köcheln.

Wenige Minuten vor Garende Rosinen und Korinthen hinzufügen und mitkochen lassen. Wein und etwas Rum zugeben. Zum Schluss Eigelb und Zucker schaumig schlagen und nach und nach unter die Suppe rühren. Fertig!

Pro Person 1 Scheibe Kastenweißbrot mit Butter bestreichen und mit 1 großen Scheibe Kochschinken belegen. Das Brot zur Suppe servieren.

Zur Weinsuppe wurden manchmal auch Futjes (siehe Seite 40, hier im Bild oben links zu sehen) serviert. Ein Gericht, das in Nordfriesland traditionell auf den Tisch kommt.

„Freud und Leid"

Die Suppe für „Freud und Leid" nannte man in früheren Zeiten dieses Gericht, denn es wurde sowohl bei freudigen (z. B Taufe) als auch bei traurigen Anlässen (Beerdigung) gern serviert. Eine einfache, gut vorzubereitende und sättigende Suppe, mit der man viele Gäste zufriedenstellen konnte – und kann.

Meine Schwiegermutter liebte diese Suppe, die in ihrem Elternhaus traditionell auch Weihnachten auf den Tisch kam, ganz besonders. „Mit einem ordentlichen Schuss Rum ist der Geschmack erst richtig gut und die Stimmung auch", sagte sie stets, wenn sie Rum zur Suppe gab. Sie hat später uns und unsere Kinder (dann doch lieber Apfelsaft statt Wein verwenden!!) mit dieser Suppe glücklich gemacht. Noch heute denken wir beim Weinsuppenessen in liebevoller Erinnerung an unsere „Mona".

Wir Landfrauen bieten dieses Gericht auf den Bauernmärkten in unserer Region an. „Oh wie lecker, das schmeckt nach früher!", hören wir von den älteren Besuchern. Stimmt!

Ingrid Sattler

Brune Pepernööt „Oma Rungholt"

Zutaten

250 g Zucker
250 g Margarine
250 g dunkler Sirup
500 g Weizenmehl
125 g abgezogene, gehackte Mandeln
1 gehäufter TL Nelkenpulver
1 gestrichener TL Hirschhornsalz

Zubereitung

Zucker, Margarine und Sirup in einen Topf geben und unter Rühren erhitzen. Die Masse abkühlen lassen. Restliche Zutaten mischen und nach und nach mit der Sirupmasse verkneten, bis ein glatter Teig entsteht.

Aus dem Teig 5 cm dicke Rollen formen und über Nacht kalt stellen. Die Rollen in 1/2 cm dicke Scheiben schneiden. Scheiben auf Backbleche legen (mit Backpapier belegt) und im Backofen bei Ober-/Unterhitze 200 °C ca. 10–12 Minuten backen. Abkühlen lassen und in einer Dose aufbewahren.

Beim Anrühren von Teig waren wir Kinder immer gern mit dabei. Hier helfen wir meiner Mutter beim Backen im warmen Wohnzimmer.

Wiehnachtlich ...

Ik bün op de Halfinsel Eiderstedt in de Gemeende Welt boren un opwussen. Besünners geern besinn ik mi an de Adventstiet. Wi harrn en Adventskranz mit 4 rote Lichten. Jeden Namiddag vör de Melktiet seten wi bi Talliglichtschien in de Wohnstuuv un sungen Wiehnachtsleder, utwennig. Un denn geev dat dünnen swatten Tee, ok för uns 4 Kinner. Op den goden Goldrandteller legen witte un brune Pepernööt, Smoltnööt un Printen. De brune Pepernööt durven wi in den Tee induken, denn de weren en beten hart, aver jüst denn weren se richtig un smecken besünners goot. Mien Moder lees Wiehnachtsgeschichten bet dat schummerig worr un Vadder to'n Melken reep. Noch hüüt backt mien 85 Jahr ole Moder düsse Koken. De Rezepte hett se all in'n Kopp, un bi ehr smeckt se an'n besten, wenn wi uns denn drapen un uns wat vertellen vun ole Tieden un wat dat so Niees gifft. Nu wahn ik al lang op Föhr un back jedes Johr mien Lieblingskoken vunn domals, de brune Pepernööt. Dat Rezept is al vun mien Oma Rungholt (Ortsdeel vun Welt). Un jüst in't verleden Johr, as all mien Kinner ut Hamborg kemen, fraag mien Enkelin Geske: „Oma hast du schon die Kuchen gebacken, die man in den Tee tauchen darf?" Un denn sett ik den Teeketel op un denn warrt dat wiehnachtlich bi uns. Blots to'n Melken mutt ik nich rut, denn ik bün en Stadtfru worrn.

Un nu man los: en halv Pund Zucker (250 g), en halv Pund Margarine, en halv Pund brunen Kokensirup in en Graap hittmaken, denn afköhlen laten, 1 Pund Mehl un en viddel Pund aftrocken un hackt Manneln, en hüüpt Teelöpel Nelkenpulver, 1 gestreken Teelöpel Hirschhornsolt, allens mischen un mit de Sirupmass düchtig verkneten. Rullen formen (5 cm in Dörchmeter), düssen över Nacht koolt stellen. In 0,5 cm dicke Schieven snieden un bi 200 Graad ca. 10–12 Minuten backen. Afköhlen laten, in en Trumm opwohren.

Für all diejenigen, die kein Plattdeutsche verstehen das Rezept in Hochdeutsch:

Ingrid Sattler

Rote Weinsuppe

Zutaten

(Für 10 Personen)

4 l Wasser
8 EL Zucker
1 Pck Vanillezucker
1 Zimtstange
Saft und Schale von 1 Zitrone
250 g Graupen
250 g Korinthen
250 g Rosinen
250 g Trockenpflaumen
250 ml Rotwein
250 ml roter Johannisbeersaft

Zubereitung

Wasser, Zucker, Vanillezucker, Zimtstange und Zitronensaft und Schale in einen großen Topf geben und aufkochen. Graupen hinzufügen und das Ganze bei schwacher Hitze ca. 90 Minuten köcheln. Dann Korinthen, Rosinen und Pflaumen zugeben und 1 Stunde weiterköcheln lassen. Zuletzt Rotwein und Johannisbeersaft hinzugeben.

Die Kochzeit lässt sich halbieren, wenn man die Graupen vorher einige Stunden einweicht.

Dazu reicht man Weißbrot belegt mit gekochtem Schinken und Senf.

Ein guter, roter Tropfen gehört in die „Rote Weinsuppe", die an der Nordseeküste noch heute zu besonderen Anlässen serviert wird.

Schmeckt auch mit Saft

Weinsuppe mit Schinken ist eine kulinarische Spezialität von der Nordseeküste, die von Familie zu Familie durchaus unterschiedlich zubereitet werden kann. Diese Weinsuppe wurde in unserer Familie gerne bei größeren Gesellschaften serviert. Die Suppe ist schnell und einfach gemacht und gut vorzubereiten. Das Süße mit dem Herzhaften zusammen ist einfach ein Genuss. Für Kinder macht man die Suppe ohne Rotwein, nur mit Saft. Schmeckt genauso gut.

Inge Petersen

Weißkohleintopf

Zutaten

(für 4–6 Personen)

2 l Fleischbrühe
1 mittelgroßer Weißkohl
750 g durchwachsener Speck
1 kg mehlig kochende Kartoffeln
1 TL ganzer Kümmel
1 Prise frisch geriebene Muskatnuss
Salz
Pfeffer
1 EL Butter

Zubereitung

Fleischbrühe und 1 l Wasser in einen großen Topf geben und zum Kochen bringen. Den Weißkohl putzen, vierteln, den Strunk herausschneiden und den Kohl in Streifen schneiden. Kohl und Speck in die kochende Brühe geben und ca. 60 Minuten köcheln lassen.

In der Zwischenzeit Kartoffeln schälen und vierteln. Nach 60 Minuten ebenfalls in den Topf geben und das Ganze weitere 30 Minuten köcheln lassen.

Das Ganze abgießen, die Flüssigkeit auffangen. Den Speck beiseitelegen. Das Gemüse grob mit einem Kartoffelstampfer zerkleinern und mit den Gewürzen abschmecken. Butter unterrühren.

Den Speck in Scheiben schneiden und zum Weißkohl servieren.

Das Ganze schmeckt auch sehr gut aufgebraten aus der Pfanne.

Kohl und Dithmarschen – das gehört einfach zusammen. Das Gemüse ist vielseitig in der Küche verwendbar.

Kohl macht glücklich

Meine Mutter war das älteste von sieben Kindern und musste schon früh in der Küche mithelfen. Gekocht wurden damals einfache Gerichte, Hauptsache war, sie füllten den Magen und waren von den Zutaten her preiswert. Kohl kam in allen Variationen auf den Tisch, wuchs er doch in Dithmarschen in Hülle und Fülle. Die Vorliebe für Kohl hat meine Mutter beibehalten. Noch in den 60er-Jahren kochte sie die Mahlzeiten aus ihrer Kindheit so, wie sie es gelernt hatte. Und meist viel zu viel, sodass wir mehrere Tage davon essen mussten.

Ich liebte Kohlgerichte schon als Kind. Wenn sie Weißkohleintopf kochte, konnte ich nie abwarten, bis er fertig war. Ich musste einfach vorher schon naschen. Vor allem die Brühe hatte es mir angetan. „Kohl macht glücklich", hat meine Mutter immer gesagt. Recht hatte sie, wie Ernährungswissenschaftler mittlerweile entdeckt haben. Das Arme-Leute-Essen liefert reichlich Tryptophan, der die Produktion eines glücklich machenden Botenstoffes ankurbelt. Außerdem enthält er das wichtige Spurenelement Selen, das ebenfalls für gute Laune sorgt. Wenn mich an einem grauen Novembertag der Trübsinn plagt, hilft Kohleintopf. Auch heute noch.

Christa Martens

Ananas-Sahne-Torte

Zutaten

Für den Boden
3 Eier
200 g Zucker
abgeriebene Schale von 1 Zitrone
100 g Kartoffelmehl
100 g Weizenmehl
1 EL Ananassaft
4 EL Wasser

Für Füllung und Garnitur
75–100 g gehackte Mandeln
40 g Zucker
etwas Butter
1 große Dose Ananas (oder 1 frische Ananas)
4 Blatt weiße Gelatine
1 l Konditorsahne

Zubereitung

Für den Boden Eier trennen. Eiweiß steif schlagen und beiseitestellen. Eigelb mit Zucker schaumig rühren. Zitronenschale unterrühren. Beide Mehle mit Backpulver mischen und mit dem Saft unterrühren. Ggfs. zusätzlich das Wasser zugeben. Zuletzt den Eischnee unterziehen. Eine Springform (26 cm) fetten und mit Backpapier auslegen, den Teig hineingeben und im vorgeheizten Backofen bei 180 °C ca. 30 Minuten backen. Der Biskuitboden muss in der Krume noch weich sein. Den Boden abkühlen lassen, dann zweimal durchschneiden.

Für den Krokant Butter und Zucker bei mäßiger Hitze zerlassen und unter ständigem Rühren so lange erhitzen, bis der Zucker schwach gebräunt ist. Die Mandeln unterrühren und unter ständigem Rühren so lange erhitzen, bis der Krokant genug gebräunt ist. Dann sofort auf eine leicht geölte Platte oder auf Backpapier geben und abkühlen lassen.

Für die Füllung Ananas in einem Sieb abtropfen lassen, den Saft auffangen. Ananas in kleine Stücke schneiden. Für die Garnitur 12 schöne Stücke beiseitelegen.

Gelatine in kaltem Wasser einweichen. Ausdrücken und in etwas Saft auflösen. Die Sahne steif schlagen. Zwei Drittel der Sahne mit der Gelatineflüssigkeit und etwas vom Ananassaft verrühren.

Den unteren Boden auf eine Tortenplatte setzen. Mit der Hälfte der Fruchtsahne bestreichen, dann die Ananasstücke darauf verteilen. Den zweiten Boden darauflegen, mit der restlichen Fruchtsahne bestreichen und mit den restlichen Ananasstücken belegen. Den dritten Boden auflegen und fest andrücken. Mit der restlichen Sahne Rand und Oberfläche der Torte bestreichen, jeweils 12 Sahnetupfen daraufspritzen und jeweils 1 Ananasstück anlegen. Den Rand und nach Belieben die Oberfläche mit dem Krokant verzieren. Die Torte kalt stellen.

Vorsicht: macht süchtig!

Ananas ist für kleine Kinder meistens nicht attraktiv. Das war bei mir ganz anders. Jeder wunderte sich, dass ich von Anfang an alles, was irgendwie nach Ananas schmeckte, den anderen Geschmacksrichtungen vorzog. An meinem Geburtstag war und ist Ananas-Sahne-Torte absolut wichtig. Meine Mutter wollte das einmal ändern und ich erklärte ihr – gerade sechs Jahre alt – dann hätte ich keinen Geburtstag. Irgendwann habe ich nachgefragt. Ich wollte wissen, wie ich zu dieser Leidenschaft gekommen sein könnte.

Meine Großmutter hat es mir erzählt: Ihr war in peinlichster Erinnerung, dass sie mit ihrer Schwiegertochter in Kiel sehr kurz vor meiner Geburt wie immer zum Bridgekreis mit ihren Damen wollte. Meine Mutter sollte nicht allein bleiben und ging mit. Sie hat sich aus Torte nie sehr viel gemacht. An diesem Nachmittag im erlauchten Kreis gab es jedoch Köstlichkeiten, die 1957 nicht alltäglich waren, jedenfalls nicht auf dem Land. Vor allem die Ananastorte hatte es meiner hochschwangeren Mutter angetan. Sie aß, von ihr nach Jahren noch beschämt zugegeben, eine gute halbe Torte allein auf. Die Damen haben es ihr in ihrem Zustand gern gegönnt. Etwa zwölf Stunden nach dem Genuss kam ich auf die Welt – wahrscheinlich mit einem Überschuss Ananas im Körper. Es ist heute noch meine Lieblingstorte. Und wenn viele Besucher erwartet werden, gibt es Napoleontorte dazu. Guten Appetit – und Achtung: Ananas macht doch wohl ein wenig abhängig.

Marlies Klische

Das Bild entstand angeblich, nachdem man mich vorher vergeblich locken wollte, mit dem Ruf: Es gibt Ananaseis!

Biersuppe mit Rosinen

Zutaten

(für 4 Personen)

500 ml Milch
250 g Sahne
1 kräftige Prise Salz
4-5 EL Zucker
100 g Rosinen
1 EL Stärkemehl
3 Eigelb
500 ml helles Bier
1 TL gemahlener Zimt

Zubereitung

4 Esslöffel Milch abnehmen und beiseitestellen. Restliche Milch mit Sahne, Salz, Zucker und Rosinen bei mäßiger Hitze zum Kochen bringen. Stärkemehl mit der restlichen Milch anrühren und in die Suppe geben, kurz aufkochen und von der Kochstelle nehmen.

Eigelb in einer kleinen Schüssel verquirlen und die Suppe damit legieren. Bier unterrühren.

Mit Zimt und evtl. etwas Zucker abschmecken. Nochmals kurz erwärmen, aber nicht mehr kochen lassen.

Auf der Baustelle

Vier Jahre mit fünf Menschen in einer Baracke zu wohnen, das war genug! Endlich gab es Pläne für ein kleines Steinhaus, für jeden ein Zimmer, mit Zentralheizung und richtigem Bad. Mit viel Eigenleistung sollte es gebaut werden. Es meldeten sich einige Kollegen meines Vaters, die helfen wollten. Da war der Karl, genannt Kuddel, der Georg, genannt Schorsch und der kleine Fritz, der Fiete gerufen wurde. Sie kamen fast jedes Wochenende zu unserer Baustelle.

Zuerst musste, als alles vermessen war, die Baugrube ausgehoben werden. Es mussten unzählige Schubkarren voll Sand aus der Grube geschoben werden. Einen Bagger für private Zwecke gab es damals nicht. Riesige Sandberge, mit denen wir herrlich spielen konnten, türmten sich für uns Kinder auf. Wir bauten Burgen, konstruierten Murmelbahnen oder rutschten einfach auf dem Hosenboden die Hügel hinunter. Regnete es, veranstalteten wir rasante Schlammschlachten. Manchmal gab es auch Ärger, wenn wir den aufgetürmten Sand zu sehr auseinandergekratzt hatten.

Die Männer, die so viel für uns schufteten, mussten natürlich auch verpflegt werden. Die Bäckerei war gleich im Nachbarhaus, so wurde meist ich geschickt, um frisches Brot und Brötchen zu holen. Diese belegte meine Mutter dann mit Mettwurst, Schinken und Käse, aber es gab auch hart gekochte Eier von den eigenen Hühnern. Immer stand eine Kiste Bier für die Männer auf der Baustelle.

Zum Mittagessen kochte meine Mutter oft eine Biersuppe. Eine dicke, süße Milchsuppe, in die ganz zum Schluss eine Flasche Bier gerührt wurde. Ich liebte sie sehr. Manchmal waren Rosinen darin, was die Suppe noch leckerer machte. Jeden Samstag gab es für mich ein Festessen, wobei ich nicht weiß, ob die Suppe vielleicht für uns Kinder aus Malzbier gerührt war.

Renate Jacobshagen

> Am glücklichsten war ich, wenn ich draußen herumtoben konnte. Immer dabei waren meine beiden besten Freunde.

Zimtschnecken (Kanebullar)

Zutaten

75 g Butter
250 ml Milch
1 Würfel frische Hefe
50 g Zucker
½ TL Salz
evtl. 1 TL gemahlener Kardamom
500–600 g Weizenmehl

Für die Füllung

2 EL Butter
25 g Zucker
1 TL gemahlener Zimt
1 Eiweiß
Hagelzucker
Papierförmchen

Zubereitung

Die Butter in einen Topf geben und zerlassen. Milch zufügen und lauwarm erhitzen. Hefe zerkrümeln und in eine große Rührschüssel geben. Die warme Butter-Milch darübergießen und Zucker, Salz und Kardamom unterrühren. Nach und nach so viel Mehl unterarbeiten, bis ein geschmeidiger Teig entsteht. Den Teig abgedeckt so lange gehen lassen, bis sein Volumen sich verdoppelt hat. Den Teig auf bemehlter Arbeitsfläche noch einmal gut durchkneten. Den Teig zu einer länglichen, 1 cm dicken Platte ausrollen.

Die Butter für die Füllung zerlassen und die beiden Teigplatten damit bestreichen. Mit Zucker und Zimt bestreichen. Aufrollen und an der „Naht" fest zusammendrücken. In 2 cm dicke Scheiben schneiden und diese in Papierförmchen auf ein gefettetes Backblech legen. Die Bullar noch einmal gehen lassen, bis sich ihr Volumen vergrößert hat.

Eiweiß verschlagen und die Teigschnecken damit bestreichen. Mit Hagelzucker bestreuen. Im vorgeheizten Backofen bei 225 °C ca. 10 Minuten backen.

Kanebullar – meine Mutter hat sie oft gebacken und damit nicht nur mich erfreut!

Schwedenerinnerungen

Eine Lehre als Krankenschwester war für die Familie unbezahlbar. Deshalb ging meine Mutter Mitte der 50er-Jahre nach Schweden, um für zwei Jahre als Haushaltshilfe und Kindermädchen zu arbeiten. Ihre jüngere Schwester machte es ihr nach und entschied sich, dort zu bleiben, zu heiraten und Kinder zu bekommen. Natürlich haben wir sie so oft wie möglich besucht. Als ich das erste Mal nach Schweden kam, ich glaube, ich war gerade fünf geworden, faszinierte mich vor allem eines: die vielen leckeren, selbst gebackenen Kekse, die nachmittags auf den Tisch kamen. Große Kuchenstücke oder Torten waren unüblich und wurden allenfalls zu besonderen Anlässen serviert. Ich liebte das zarte Spritzgebäck, die knusprigen Chokoladesnitter und vor allem die Bullar (Zimtschnecken). Ich freute mich schon den ganzen Tag darauf. Dazu gab es für mich und meine Cousins und Cousinen roten Saft. Noch heute bereite ich diese Schwedenkekse zu, die mich schon in meiner Kindheit erfreuten. Sie schmecken allemal besser als die, die man in einem schwedischen Möbelgeschäft kaufen kann …

Annerose Sieck

Arme-Leute-Stipp

Zutaten

(für 4 Personen)

200 g geräucherter durchwachsener Speck
175 g Zwiebeln
1 EL Butter
2 EL Mehl
500 ml Milch
Salz
Pfeffer
geriebene Muskatnuss

Zubereitung

Den Speck in feine Würfel schneiden. Zwiebeln schälen und ebenfalls fein würfeln. Butter in einem Topf erhitzen und die Speckwürfel darin anbraten. Zwiebeln zugeben und ebenfalls bräunen.

Das Mehl darüberstäuben, die Milch zugießen und zum Kochen bringen. Mit Salz, Pfeffer und Muskat würzen. Bei schwacher Hitze köcheln, bis die gewünschte Konsistenz erreicht ist.

Dazu Pellkartoffeln reichen.

Große Leidenschaft

Meine beste Freundin wohnte schräg gegenüber. Wir gingen zusammen zur Schule, machten gemeinsam Hausaufgaben, tobten draußen herum, fuhren Schlitten, lasen uns vor, sangen oder widmeten uns einer unserer großen Leidenschaften: „Wünsche" ansehen und tauschen. „Wünsche" nannten wir diese kleinen bunten Bilder aus Papier: Egal ob Tiere, Märchenfiguren, Blumen oder andere Motive, am schönsten fanden wir die mit Glitter darauf. Stundenlang konnten wir uns auf der Stufe vor dem Hauseingang sitzend damit beschäftigen. Wenn sie gerade bei mir war, wurde in der Essenszeit ein Teller mehr auf den Tisch gestellt. War ich bei ihr, setzte ich mich dort mit an den Tisch. Dort habe ich zum ersten Mal die Speckstippe gegessen, die auch Arme-Leute-Stipp oder Letzte-Groschen-Stipp genannt wird. Dazu gab es Pellkartoffeln. Einfach göttlich.

Später trennten sich unsere Wege. Wir zogen in eine andere Stadt und irgendwann ließ der Kontakt nach. Nach fast 45 Jahren habe ich zum ersten Mal selbst dieses Essen zubereitet und muss sagen: Ein sogenanntes Arme-Leute-Essen ist nicht das Schlechteste!

Lieselotte Ahrens

Am begehrtesten – nach dem Stipp – waren bei uns die Bilder mit Glitzer darauf. Wir konnten uns stundenlang damit beschäftigen.

Zwiebackpudding

Zutaten

(für 4 Personen)

250 g zerkleinerter Zwieback
250 ml Milch
250 g Grieß
250 g Rosinen
4 Eier
2 EL Zucker
1 Pck Vanillezucker
abgeriebene Zitronenschale
Sauerkirschen oder Backobst

Zubereitung

Zwiebackbrösel in Milch einweichen. Dann Grieß, Eier, Rosinen, Zucker, Vanillezucker und Zitronenschale zugeben und unterrühren.

Eine Wasserbadform gut fetten und mit etwas Grieß ausstreuen. Die Masse in die Form geben, glatt streichen und im heißen Wasserbad 45 Minuten kochen.

Abkühlen lassen und stürzen.

Dazu angedickte Kirschen oder angedicktes Backobst reichen.

Heyde Seismann als kleines Schulmädchen. Je mehr Geschwister von zu Hause auszogen, desto mehr blieb vom Zwiebackpudding für sie übrig.

Aufgebraten fast noch besser

In unserer großen Familie – wir waren insgesamt zehn Kinder – gab es immer genug zu essen. Wenn es Großen Hans mit Zwieback gab, den alle liebten, sah das schon etwas anders aus. (Der kleine Bruder des Mehlbeutels, der wie dieser seinen Ursprung in Dithmarschen hat, wurde ursprünglich mit altbackenem Weizenbrot zubereitet.) Meine Mutter teilte ihn genau ein, sodass jeder von uns nur ein Stück bekam. Als meine größeren Geschwister endlich ausgezogen waren, waren wir kleineren Kinder richtig glücklich, denn nun blieb sogar etwas übrig. Abends wurden die Reste in der Bratpfanne noch einmal in etwas Butter aufgebraten. Das schmeckte mir fast noch besser!

Heyde Seismann

Schinken in Milchsoße

Zutaten

(für 4 Personen)

kleine Schinkenstücke und -scheiben

ca. 500 ml Milch

25 g Mehl

Zubereitung

Die Schinkenstücke und -scheiben in einer tiefen Pfanne von beiden Seiten braten (nicht zu kross, dann wird der Schinken hart).

Das Ganze mit der Milch ablöschen und zum Kochen bringen. Mehl mit etwas Wasser anrühren und die Milch damit andicken.

Salzen entfällt, da der Schinken salzig genug ist.

Dazu schmecken Salzkartoffeln.

Unser Keller war damals mit Vorräten gut gefüllt.

Davon kriegten wir nicht genug ...

Ich kam 1960 zur Welt. In meiner Kindheit im kleinen Dorf Berlin (Kreis Segeberg) waren meine Eltern und Großeltern wie fast alle damals Selbstversorger. Im großen Garten wurde viel Gemüse angebaut. Auch Obstbäume hatten wir. Alles wurde verarbeitet und für den Winter eingeweckt. Viele Gläser und Flaschen füllten den Keller, denn wir waren vier Kinder und die Großeltern lebten bei uns im Haus. Wir hatten Enten, Gänse, Hühner und Kaninchen, von deren Fleisch wir uns ernährten. Regelmäßig wurde ein Schwein geschlachtet. Der Schlachter wohnte bei uns im Dorf.

Das ganze Schwein wurde verarbeitet, u. a. zu Leber-, Blut-, Mett-, Lungen- und Grützwurst. Mein Vater besaß eine Räucherkammer, dort hingen Mettwürste, Speck und Schinken und viele andere kulinarische Leckereien aus dem ganzen Dorf. Schinken und Speck mussten wochenlang im Salz liegen, bevor sie geräuchert wurden. Wir freuten uns immer auf den Tag, wenn der Schinken endlich fertig war. Dann wurde er zerteilt. Von den besten Stücken gab es natürlich Schinkenbrote, aber von den kleinen Stücken gab es lecker Schinken in Milchsoße. Das war für uns alle, auch für uns Kinder, ein Festmenü, von dem wir nicht genug kriegen konnten. Fleisch gab es ja nicht so oft, und die Milch kam noch vom Bauern nebenan und nicht aus der Tüte.

Heidrun Behrens

Buttermilchkaltschale

Zutaten

(für xx Personen)

1 l frische Buttermilch
1 Pck Vanillezucker
Zucker nach Geschmack
4 Scheiben geriebenes Schwarzbrot
Saft und Schale von 1 Zitrone
75 g Rosinen

Zubereitung

Die Zutaten gut miteinander verrühren und mindestens 1 Stunde in den Kühlschrank stellen, damit die Rosinen quellen können und die Kaltschale richtig kalt wird.

Vor dem Auffüllen umrühren. Gut gekühlt genießen!

Da war die Welt in Ordnung!

Wir hatten früher noch keinen Kühlschrank, um Lebensmittel länger haltbar zu machen und zu kühlen. Doch unser Bauernhaus besaß (und besitzt noch heute) einen aus Feldsteinen aufgesetzten Keller aus dem 19. Jahrhundert. Die dort gelagerten Lebensmittel bleiben herrlich frisch und kühl. Ideal für den Sommer.

Da meine Schwestern und ich täglich mit dem Fahrrad zur Schule ins ca. sechs Kilometer entfernt gelegene Städtchen Lütjenburg fahren mussten, kamen wir im Sommer, wenn es so richtig heiß war, immer erhitzt und schlapp zu Hause an. Dann flog die Schultasche schon an der Haustür in die Ecke und wir riefen durchs ganze Haus: „Mutti, was gibt es heute hinterran?" Wenn es Buttermilchkaltschale oder Rote Grütze gab, war die Welt für uns in Ordnung. Unsere Eltern waren streng, wir mussten alles essen, was auf den Tisch kam. Erst musste das Hauptgericht gegessen werden, erst dann gab es den Nachtisch. Da wir nur sehr selten Süßigkeiten bekamen (und wenig), war uns der Nachtisch natürlich heilig … Buttermilchkaltschale hätten wir fünfmal die Woche verdrücken können. Sie schmeckt fantastisch – vor allem im Sommer!

Karin Strohbeen-Hansen

Da konnte die Schule noch so schlimm gewesen sein, wenn es Buttermilchkaltschale gab, war die Welt für Karin Strohbeen-Hansen in Ordnung. Im Sommer ist diese Nachspeise absolut erfrischend.

Rhabarbergrütze mit Milch

Zutaten

(Für 4 Personen)

500 g Rhabarber
3 Äpfel
Schale von einer unbehandelten Orange
70 g Zucker
60 ml Apfelsaft
50 g Stärkemehl

Zubereitung

Den Rhabarber in ca. 2 cm kleine Stücke schneiden, waschen und abtropfen lassen. Die Äpfel waschen, schälen (einige Schalen aufheben), vierteln, das Kerngehäuse entfernen, die Viertel in Stücke schneiden. Äpfel und Rhabarber mischen, ein Stück Orangenschale fein gewürfelt dazugeben, mit dem Zucker bestreuen und gut vermengen. Alles ca. 15 Minuten ziehen lassen. Das Gemisch mit Apfelsaft auffüllen und einige Apfelschalen dazugeben. Ca. 5 Minuten leicht kochen lassen. Das Stärkemehl in kaltem Wasser anrühren und das Obst damit binden. Die Apfelschalen entfernen und die Grütze abkühlen lassen. Mit Milch oder Vanillesoße servieren.

Vogelschießen

Vogelschießen in den 1950er-Jahren. Ein Volksfest, an dem nicht nur Kinder Gefallen fanden. Hier sind Erna Rieve (Rezept Seite 95) und einige ihrer Geschwister bereit für den Umzug.

Ich erinnere mich noch, als wäre es erst gestern gewesen. In unserer Schule hing ein großes Plakat mit den Worten: „Wir feiern Vogelschießen". Ich war neu in der Schule und konnte damit nichts anfangen. „Das feiern wir jedes Jahr", erklärte mir meine Schulfreundin, „aber wir schießen keine echten Vögel ab, die sind aus Holz. Eigentlich ist das Schießen nur für die Jungs, wir Mädchen machen andere Spiele." Das fand ich nun wieder ungerecht, dass da Unterschiede gemacht wurden. „Am Nachmittag folgt der große Umzug", fuhr meine Freundin fort. „Wir ziehen unsere Sonntagskleider an, manche tragen Blumenbügel, einige bringen ihre geschmückten Fahrräder mit."

Nach der Schule erzählte ich meiner Mutter beim Mittagstisch (als Nachspeise gab es leckere Rhabarbergrütze mit Milch, das weiß ich noch) vom geplanten Vogelschießen und dass ich auch so einen Blumenbügel wollte. „Da kennt Oma sich besser mit aus", meinte Mutter, „frag sie doch, ob sie dir hilft, den Blumenbügel zu binden."

Das tat sie. Als ich bei meiner Oma eintraf, hatte sie schon Blumen aus dem Garten geholt. Wunderschöne Rosen, rote und gelbe, ein paar Freesien und Phlox, einige Zweige vom Buchsbaum und etwas Schleierkraut wurden auf den Metallbügel gebunden. Den hatte Opa vor Jahren angefertigt. An den Enden befestigten wir bunte Bänder aus Krepppapier. Toll sah der Blumenbügel aus. Ganz stolz fuhr ich damit nach Hause. Am nächsten Tag war es so weit. Viele Kinder bemühten sich um eine möglichst hohe Punktzahl. Die Jungs schossen mit der Armbrust auf den Holzvogel, der ganz hoch oben auf einem Mast saß. Bei jedem Treffer jubelten die Zuschauer, aber oft flog der Pfeil am Vogel vorbei. Nun musste ich mich beeilen, zum Fischstechen zu kommen, ich war dran. Der Fisch war aus Holz geschnitzt, vorn am Maul ragte ein Nagel heraus. An einem Ständer, wo eine große Zielscheibe angebracht war, hing wie an einem Galgen der Fisch am Band. Es war gar nicht so einfach, den Fisch so „fliegen" zu lassen, dass er mit dem Nagel die Zielscheibe traf. Viele Punkte erreichte ich nicht.

Um 15 Uhr begann der Umzug. Ein Spielmannszug führte ihn an. Wir Kinder stellten uns zu zweit oder zu dritt auf, mit geschmückten Fahrrädern, den schönen Blumenbügeln und Blumenstöcken zogen wir durch die Straßen. Viele Leute hatten ihre Vorgärten mit Luftballons oder bunten Bändern geschmückt. Sie standen an den Straßen und bestaunten uns, manche applaudierten sogar. Wir holten den König und die Königin ab. Dann marschierten wir zum Gasthof, wo alles für die kleinen und großen Gäste vorbereitet war. Kaffee für die Großen, Brause für die Kleinen und Kuchen für alle. Eine Musikkappelle hatte auf der Bühne ihre Instrumente aufgestellt und bald erklang Tanzmusik. Dann endlich gab es die Preisverleihung. Mit Spannung warteten wir auf die schönen Geschenke. Jeder bekam etwas ab, keiner ging mit leeren Händen nach Hause. So endete mein erstes „Vogelschießen", meine Freundin und ich marschierten nun ohne Musik, aber zufrieden und „leer getanzt" nach Hause.

Bärbel Lenschow

Einfaches Rübenmus

Zutaten

(Für 4 Personen)

500 g Steckrüben
500 g Kartoffeln
500 ml Gemüsebrühe
1 Thymianzweig
Salz
Pfeffer
geriebene Muskatnuss
Butter

Zubereitung

Steckrübe und Kartoffeln schälen, in grobe Stücke schneiden und waschen. Mit der Gemüsebrühe in einen Topf geben. Thymian und Salz zugeben und so viel Wasser zugießen, bis Kartoffeln und Rübe vollständig bedeckt sind. Zum Kochen bringen und bei mittlerer Hitze in ca. 20 Minuten gar köcheln lassen.

Abgießen und mit dem Kartoffelstampfer pürieren. Mit Salz, Pfeffer und Muskat abschmecken. Den Thymian entfernen. Mit Butter verfeinern.

Die Steckrübe (im Bild unten) ist neben Kartoffeln und Möhren die Hauptzutat im Rübenmus (auch Rübenmalheur genannt). Der deftige Eintopf mit Speck und Mettenden lässt sich auch heute noch gut mit der Gabel „bearbeiten"!

Kreativität gefragt!

Rübenmus! Heute gibt es Rübenmus! Was habe ich mich als Kind gefreut, wenn es dieses Essen gab. Meine Mutter mischte die Portion Rüben immer mit der gleich großen Menge Kartoffeln und pürierte das Ganze. Als Clou kam ein Stückchen guter Butter darunter. Hm, das schmeckte! Aber was war das Allerschönste an diesem Gericht? Ich patsche das aufgetürmte Häufchen auf meinem Teller mit der Gabel so lange platt, bis ich einen glatten Rasen angelegt habe. Dann folgt die kreative Phase der Mahlzeit: Es entstehen wundervolle Gartenbeete, mit der Gabel gerifelt wie gepflügte Felder. An den Rändern türmen sich kleine Burgen und Häuser. Welch ein herrliches Mittagessen! (Mami fand das nicht so.)

Elke Burghard

Förtchen

Zutaten

(Für ca. 8 Personen; das kommt auf den Appetit an!)

5 Eier
1 kg Mehl
1 Pck Hefe (42 g)
750 ml Milch
50 g Zucker
100 g geschmolzene Butter
Saft und abgeriebene Schale von 1 unbehandelten Zitrone
250 g Rosinen

Öl zum Ausbacken

Zubereitung

Die Eier in eine Rührschüssel geben und schaumig schlagen. Das Mehl portionsweise unterrühren. Hefe in die Milch bröckeln und das Ganze lauwarm erwärmen. Zucker einrühren und das Ganze zur Ei-Mehl-Masse geben.

Restliche Zutaten unterrühren und den Teig abgedeckt an einem warmen Ort 45 Minuten gehen lassen, bis sich sein Volumen sichtbar vergrößert hat.

Den Teig noch einmal durchrühren. Wenig Öl in der Förtchenpfanne erhitzen und den Teig esslöffelweise in die Vertiefungen geben. Goldgelb ausbacken.

Nach Belieben zu einer süßen Suppe servieren oder in Zucker gewälzt als Gebäck servieren.

In Zucker gewälzte Förtchen sind in unserer Familie noch heute ein gern gesehenes Gebäck.

Sie schmeckten das ganze Jahr!

Förtchen waren in vielen norddeutschen Familien eine heiß begehrte Leckerei und werden in einer speziellen Pfanne mit kugelrunden Vertiefungen in Fett ausgebacken. In meiner Kindheit waren sie noch sehr beliebt. Vor allem in der Adventszeit und als Neujahrgebäck erfreuten sie sich großer Beliebtheit, bis die „Berliner" ihnen irgendwann den Rang abliefen. Wenn die Rummelpottkinder von Haus zu Haus zogen und ihre Lieder sangen, gab es zur Belohnung Förtchen, braune Kuchen oder Kringel aus dem Tannenbaum. So war es auf jeden Fall bei uns. Da standen die Kinder dann vor der Tür und sangen: „Dat ohle Johr, dat nie Johr, sünd denn nu bald de Förden gar? Krieg ick een, so blief ick stahn. Krieg ick twee, so will ick gahn, krieg ick dree, so wünsch ick Glück. Dat de Köksch mit dee Förden to denn Schosteen rut flüggt!"

Bei uns aß man Förtchen ganzjährig, etwa an fleischlosen Tagen. Das war meist sonnabends der Fall. Im Sommer nahm man Förtchen sogar mit ins Moor zum Torfstechen. Es schmeckte eben allen. Manchmal wurden sie auch mit Backpflaumen gefüllt. Dann steckte man die entsteinten Backpflaumen in den Teigball, bevor man ihn umdrehte.

Karin Möckelmann

Register

A
Abendkater 8
Amerikaner 30
Ananas-Sahne-Torte 106
Apfelmuskuchen 84
Arme Ritter 52
Arme-Leute-Stipp 112

B
Biersuppe mit Rosinen 108
Bratheringe, eingelegte 24
Bratkartoffeln 10
Brotsuppe, einfach 60
Brune Pepernööt „Oma Rungholt" 100
Buchweizengrütze mit Zimtzucker 20
Buttermilchkaltschale 118
Buttermilchsuppe mit Backobst und Mehlklößen 22
Buttermilchsuppe
mit Schinken und Hamburger Klüten 38

D
Dithmarscher Meelbüdel 6

F
Falscher Hase 16
Fehmarnsche Dicke Grütze 32
Fliederbeersuppe mit Grießklößchen 34
Förtchen 124
Futjes, zweierlei 40

G
Geschmorte Nieren (Saure Nieren) 42
Gestoovte Bohnen 28
Grießfisch mit Saftsoße 46
Großer Hans 62
Großmutters Aalsuppe mit Schwimmklößchen 4
Guter Rat 48

H
Haschee-Soße 50
Hefeklöße mit Backobst und Schinkenwürfeln 54
Hefepuffer 26
Heidesand 78
Himmel und Erde 56
Hühnerfrikassee 86

K
Kalter Hund 92
Karpfen blau mit Meerrettichsoße 58
Kartoffelgrütze 44
Klütensuppe 18
Klütjes 74
Kuchenreste-Auflauf 66

L
Leber, gebraten mit Apfelringen 70

M

Mädchenröte 12

Ma-Ka-Ha 36

Mamas Grießnocken 14

Milchreis mir Zimt und Zucker 72

Milchsuppe mit Rosinen 68

O

Omeletts mit Heidelbeerkonfitüre 76

R

Rhabarbergrütze mit Milch 120

Rode Grütt 96

Rote Weinsuppe 102

Rübenmus, einfach 122

S

Sauerbraten 80

Schaumpudding mit Zucker-Ei 82

Schinken in Milchsoße 116

Schokoladensuppe mit Schneeklößchen 88

Schusterkarbonade 64

Schwarzwälder Kirschtorte, Ullas 90

Spanischer Wind 94

W

Weißkohleintopf 104

Wiensupp und Schink 98

Z

Zimtschnecken (Kanebullar) 110

Zwiebackpudding 114

Weitere Bücher aus der Region

Grenzgeschichten – Mecklenburg-Vorpommern, Schleswig-Holstein, Hamburg
Vom Mauerbau zum Mauerfall
Ulrich Grunert
80 Seiten, zahlr. Fotos
ISBN: 978-3-8313-2219-0

Weihnachten in Schleswig-Holstein
Besinnliche und fröhliche Geschichten
Karl-Heinz Groth
80 Seiten, zahlr. Fotos
ISBN: 978-3-8313-2411-8

Kiel – Geschichten und Anekdoten
Kleiner Kiel(er) ganz groß
Karl-Heinz Groth
80 Seiten, zahlr. Fotos
ISBN: 978-3-8313-2215-2

Aufgewachsen in Flensburg
in den 40er & 50er Jahren
Brigitte Cleve
64 Seiten, zahlr. Fotos
ISBN: 978-3-8313-2014-1

Wartberg Verlag GmbH & Co. KG
Im Wiesental 1 | 34281 Gudensberg
www.wartberg-verlag.de

Bücher für Deutschlands Städte und Regionen
Tel. 05603-93050
Fax 05603-930528